KB201884

解題 徐 大 錫
서울大學校 奎章閣

巫黨來歷

민속원

刊行辭

奎章閣에서는 19세기경 蘭谷이라는 호를 가진 사람이 서울지역 큰 굿의 각 巨里를 그림으로 설명한 책자인 『巫黨來歷』을 간행한다.

巫俗은 우리 민족사에서 자생한 고유신앙으로, 유교·도교·불교 등 동양의 사상을 다양하게 흡수하여 한국인의 삶의 방식과 기질에 부응하면서 일반 대중신앙으로서의 기반을 구축하고 각 시대상황에 따라 일정한 역할을 수행하였다. 특히 물질적으로 고통받는 민중들에게, 무속신앙은 정신적으로 풍요한 삶을 찾게 해 주는 안식처가 되기도 하였다. 이러한 점을 고려할 때 무속을 단지 미신으로만 인식하고 타파되어야 할 대상으로만 취급하는 입장은 지나친 편견으로 여겨진다. 무속신앙이 우리 전통문화의 일부로서 정당한 평가를 받을 수 있을 때, 우리 문화의 폭은 그만큼 깊어지고 다채로울 수가 있는 것이다. 이 책은 바로 이러한 취지에서 간행되는 것이다.

이 책에는 열세 가지 굿거리에 관한 그림과 설명이 들어있다. 수록된 굿거리는 不精巨里, 感應請陪, 帝釋巨里, 別星巨里, 大巨里, 戶口巨里, 祖上巨里, 만신말명巨里, 逐鬼巨里, 唱婦巨里, 成造巨里, 구릉巨里, 뒷젼 등이다. 각 굿거리는 채색그림으로 묘사되어 있으며, 무녀들의 服飾, 巫具, 祭祀床의 배열 등에 이르기까지 세밀한 표현을 하여 당시 굿거리의 생생한 모습을 입체적으로 전달해주고 있다. 이 책은 굿거리를 그림과 설명으로 기록하여 무속이 유래가 있다는 점을 강조하였으며, 무속의 始源을 檀君에게서 찾아 당시에도 단군 신앙이 면면히 계승되었음을 보여주고 있다. 그러나 무속신앙을 찬양하기보다는 비판적인 입장에서 기술하고 있는 점이 주목된다.

이 책을 통하여 우리는 조선사회에서 무속신앙이 꾸준히 전승되고, 기록된 책자의 형태로 이를 정리하려는 노력이 전개되었음을 확인할 수가 있으며, 이 책에 나타난 服飾, 巫具, 祭物 등은 무속신앙 속에 침잠되어 있는 민중들의 삶의 형태와 의식을 검토하는데 도움이 될 것으로 기대한다.

아무쪼록 이 책의 간행이 우리의 고유신앙인 무속신앙의 모습을 다양하게 이해할 수 있는 기반을 제공하는데 도움이 되기를 바라며, 이 책이 보다 효과적으로 활용될 수 있도록 상세한 解題를 해 주신 徐大錫 교수께 깊이 감사드린다.

一九九六年 十二月 三十日

서울大學校 奎章閣 館長 李 相 澤

『巫黨來歷』解題

『巫黨來歷』은 서울대학교 규장각에 소장되어 있는 무당의 굿거리를 그린 책자이다. 작은책〈古1430~18〉과 큰 책〈가람古398·3~M883〉의 두 권이 있는데 작은 책은 가로 17㎝、세로 21㎝ 되는 14면의 책이며 큰 책은 가로 19·5㎝、세로 28㎝ 되는 14면의 책으로서 두 책 모두 첫째면에는 『巫黨來歷』에 관한 글을 싣고 13개 면에는 굿거리 그림이 들어 있다.

1· 著作年代및 作者에 대하여

『巫黨來歷』은 조선조 말기에 蘭谷이라는 호를 가진 사람이 서울굿의 각 巨里를 그림으로 그려 설명한 책자이다. 작은 책과 큰 책이 있는데 거의 같은 내용의 서문과 그림이 있다. 두 책자의 크기는 비록 다르나 모두 蘭谷이라는 동일한 사람이 저작한 것으로 되어 있다. 작은 책의 표지에는 『巫黨來歷』이라는 서명만 쓰여있고 속장의 첫째 면 서문 말미에 〈時乙酉仲春 蘭谷破寂耳〉라고 쓴 뒤 〈明義學道〉라는 낙관을 찍어 놓았다. 〈明義學道〉라는 篆書 落款은 큰 책 표지에 찍힌 것과 같은 것이다. 큰 책에는 책 겉장에 『巫黨來歷』이라는 書名을 종서하고 그 밑에 〈蘭谷手粧〉이라고 작게 쓰고 왼쪽 옆에 〈明義學道〉라는 篆書 落款을 찍었다.

이러한 것을 근거로 이 책이 乙酉年 4월에 蘭谷에 의하여 만들어진 것임을 알 수 있다. 그러나 어느 때 乙酉年인지를 기록하지 않았고 蘭谷이 어떤 인물인지는 밝혀 놓은 것이 없기에 이 책의 저작년대는 확실히 알 수 없고 책의 내용을 근거로 추론할 수밖에 없다.

이 책의 굿거리를 설명하는 글 중에 別星巨里에서 〈思悼世子를 배행한다고 하는데 횡설수설이 우심하다〉(思悼世子陪行云 尤甚橫說竪說) 라는 말이 있는 것으로 보아 思悼世子의 몰년인 1762년 이후에 저작된 것임을 알 수 있다. 思悼世子가 살아 있을 때 巫神으로 신봉되었을 리는 없기 때문이다. 1762년 이후 첫번째 乙酉年은 1765년이다. 그러나 思悼世子가 죽은지 삼년만에 저자가 보고 들을 정도로 무당들의 別星神으로 정립되었다고 보기는 어렵다. 思悼世子의 죽음이 일반에게 두루 알려지고 민간 전승을 통해 신격화되어 차츰차츰 별성신으로 모셔지는 사례가 늘어났다고 보는 것이 자연스러운 추세라고 본다면 여기에 필요한 시간은 적어도 삼년은 넘을 것이라고 생각된다. 또한 思悼世子의 신격화가 영조 당시에 이루어지기 곤란했다면 영조 재위기간인 1765년 乙酉는 해당되지 않는다고 본다. 그렇다면 그 다음 乙酉인 1825년과 1885년을 이 책의 저작년대로 고려하게 된다. 그런데 1885년은 이 책의 서술시기에 하한선이 된다고 본다. 왜냐하면 그 다음 乙酉年은 1945년이 되며 이 해는 광복이 되던 해로서 이 시기에 지어졌다고는 볼수 없기 때문이다. 그렇다면 이 책의 저술년대는 1825년과 1885년의 두 해 중에 하나로 압축된다.

그런데 이 책의 창부거리 설명중에 〈치성할 때 나이 젊고 아름답고 묘한 무녀를 골라서 한마당 놀이를 벌이는 것으로 六十年來 성행했다〉(致誠時 擇其年少美妙之巫女 一場遊戱 六十年來 盛行)는 말이 있는데, 이 말은 이 책의 저술년도로부터 육십년전에 창부거리가 성행했다라는 의미다. 따라서 창부거리의 성행시기를 알면 이 책의 저작년대를 추정할 수 있으리라 본다.

창부거리는 광대거리로서 서울지역 큰 굿에만 들어 있는 굿거리이다. 이 굿거리는 판소리 명창인 소리광대들이 과거 급제자의 聞喜宴이나 遊街, 紅牌告祀에 참여하면서 형성된 굿거리라고 생각된다. 1937년에 출간된 서울의 창부거리 무가에는 다음과 같은 내용이 있다.

팔도광대가 올나온다
전라도 남원광대 아희광대 어룬광대
아희광대는 옥져불고 어룬광대는 단소불고
로광대는 호적불고 한양성니 올나올제
--중략--
한양성내를 들어와서
엇썬선달을 만낫드냐
김선달을 만낫드냐 리선달을 만낫드냐
박선달을 만낫드냐
김선달 박선달 다.바리고 이선달님을 만낫고야
일쳥장원의 경상감사 도장원을 다하야고나
삼일유과를 돌으신후에
선산에 소분하고 구산에 소분하고
본댁으로 돌아가서 부모께 일현하고 도문잔치--[1]

여기서 광대들이 서울에 와서 과거급제자를 따라 잔치에 참여하는 모습을 볼 수 있는데 이는 창부거리의 형성이 명창광대의 활동이 두드러진 시기와 관련이 있음을 말해주는 것이라고 본다.

광대들이 과거급제자를 축하하는 잔치에 언제부터 참여하였는가는 정확하지 않으나 판소리의 흥행과 관련이 있음은 사실이다. 판소리를 창하는 모습을 장편의 시로 묘사한 宋晩載의 『觀優戲』에 다음과 같은 귀절이 있다.

劇技湖南産最多　재주는 호남 출신 가장 많으니
自云吾輩亦觀科　말하기를 우리도 과거간다네
前科司馬後龍虎　먼저는 진사시험 뒤는 무관야
大比到頭休錯過　과거가 닥아오니 걸르지마세
金榜少年選絶技　급제한집 잔치에 재주 뽑히려
呈才競似聞齋僧　광대들은 재들은 중처럼 법석
分曺逐隊登場地　제각기 무리지어 마당에 가서
別別調爭試一能　따로따로 음조 골라 재주를 시험[2]

위의 시에서 우리는 바로 서울지역 창부거리의 무가사설에서의 경우와 거의 같은 정황을 담고 있음을 본다.

또한 宋晩載의 『觀優戲』 跋에도

나라의 풍속에 과거에 오르면 반드시 광대놀이를 베푸는데 첫째가 소리요 둘째가 기예다(國俗登科必畜倡 一聲二技)[3]

라는 구절이 있음을 보면 송만재 당시에 이미 광대놀이가 습속으로 형성되었음을 알 수 있다. 따라서 창부거리가 성행했다는 저자의 기술도 이 시기와 무관하지 않다고 본다. 宋晩載는 1788년에 태어나서 1851년 까지 산 인물이다.[4] 그리고 『觀優戲』를 쓴 시기는 1843년이다.

이 시기는 대체로 광대들의 활동이 매우 활발했던 시기이다. 이런 점을 고려하면 이 책의 저술시기는 1885년 乙酉일 가능성이 크다. 1885년에서 60년전은 1825인데 대체로 이 시기는 소리광대의 활동이 매우 활발했고 이에 자극되어 창부거리가 서울의 굿거리로 형성되었다고 볼 수 있기 때문이다. 그러나 이것은 이 책의 연대의 하한선이고 이보다 60년 이전인 1825년도 결코 배제할 수 없다.

다음은 이 책의 저자에 관한 문제이다. 저자의 호가 蘭谷이라고 되어 있을 뿐 성명이 기록되지 않아 저자를 밝힐 수는 없다. 蘭谷이라는 호를 가진 사람은 많이 있다. 그런데 1825년이나 1885년경을 살았으면서 그림을 그리고 무속에 관심을 가졌던 서울지역 사람을 찾아야 한다. 낙관의 글자는 〈明義學道〉로서 이는 〈의를 밝히고 도를 배운다〉라는 의미의 좌우명 성격의 글귀이고 성명이나 호가 아니다. 지금까지 저자가 누구인가는 밝히지 못하였다. 저자를 밝히는 일은 추후의 과제로 미룰 수밖에 없다. 다만 그림의 솜씨로 보아 수준 높은 화가라고는 보기 어렵고 무당의 내력을 檀君에서 찾고 있으면서 당시에 崔瑩장군으로 바뀐 현상을 망발이라고 규탄하고 있는 점으로 보아 檀君을 신봉하는 민족주의자일 가능성이 있다. 또한 굿거리를 그림과 설명으로 저술했다는 점에서 전승무속의 중요성은 인식하고 있었다고 생각되나 그렇다고 무속신앙을 찬양하지 않고 비판적으로 기술하고 있다는 점에서 유교적 합리주의의 사고를 가졌던 인물인 점만은 알 수 있다.

2. 序文의 검토

첫페이지에는 무당의 시원에 관하여 저자의 견해를 밝힌 서문과 같은 글이 있다. 작은 책에는 제목을 쓰고 바로 무당내력에 관한 저자의 주장을 간략히 쓰고 기록시기와 기록자의 호를 쓰고 있다.

요임금 시절 상원 갑자 시월 삼일에 신인이 태백산 박달나무 아래에 강림하니 이가 바로 檀君이다. 이에 신교를 창설하여 교화 시켰다. 장자 扶婁는 어질고 복이 많은 까닭에 인민이 존경하고 신임하여 후일 터를 골라 단을 쌓고 토기에 벼 곡식을 담아 풀을 엮어 가려놓으니 이를 가리켜 〈扶婁단지〉 또는 〈업주가리〉라고 하였다. 매년 시월에 새곡식으로 시루떡, 술, 과실을 올려 치성 기도하였다. 기도시에는 반드시 나이 많은 성숙한 여자를 쓰는데 세상에서는 이 사람을 무인이라고 불렀다. 그 후 무인의 수효가 증가하여 무당이라고 이르게 되었는데 그 이래로 백가지 폐단이 겹쳐 나타나서 한당 이래로 무당으로 인한 옥사가 빈번하였다. 근일 佛家에서 이르되 신라 중엽 함양 등지에 법우화상이란 사람이 딸 여덟을 낳아 팔도에 나누어 보내 무당이 되었다고 말하고 있는데 이는 근거가 없는 와언으로서 이에서 더 심한 것은 없다. 乙酉 중춘에 蘭谷이 심심풀이로 쓰다.

〈上元甲子 (唐堯時) 十月三日 神人降于太白山 (白頭山 或云 妙香山) 檀木下 是爲檀君 乃設神敎而敎之 長子扶婁賢而多福 故人民尊信 後日擇地等壇 土器盛禾穀 編草掩之 稱曰 扶婁壇地 業主嘉利 每歲十月 新穀旣登以甑餠酒果致誠祈禱 祈禱時必用老成女子 世稱巫人 其後數爻增加 謂之巫黨 邇來百弊端疊出 漢唐以巫獄頻繁 近日佛家謂之新羅中葉 咸陽等地 有法雨和尙 生八女分遣八路 爲巫云 無據訛言莫此爲甚 時乙酉仲春 蘭谷破寂耳〉

그런데 큰 책에도 작은 책과 거의 같은 내용의 서문이 있다. 큰 책에서는 책 제목도 쓰지 않았고 〈檀木下是爲檀君〉 〈數爻增加謂之巫黨〉이라는 부분이 빠져 있으며 마지막에 글을 쓴 연대를 말하는 〈時乙酉仲春 蘭谷破寂耳〉이라는 귀절 등이 생략되어 있다. 檀君이란 말이 들어 있는 것과 이 말이 빠진 것은 중요한 차이가 있다는 점에서 작은 책이 보다 분명한 내용을 담고 있다고 볼 수 있다. 또한 작은 책과 큰 책의 서문을 자세히 검토하면 몇글자가 다름도 발견된다. 작은 책에서 〈等壇〉으로 쓰인 것이 큰책에는 〈築壇〉으로 되어 있고, 작은 책의 〈編草掩之〉가 큰 책에는 〈編藁掩之〉로 되어 있으며 작은 책의 〈莫此爲甚〉이 큰 책에는 〈極矣〉로 표현되어 있다.

이상의 서문을 보면 작은 책이 비교적 충실한 내용을 담고 있다고 보아 이를 중심으로 무당내력에 관한 저자의 의도를 검토하기로 하겠다.

이 책에서는 무당의 기원을 檀君에 두고 있음을 알 수 있다. 그런데 檀君이 태백산 단목하에서 신교를 개설하고 이를 가르쳤고 여기에서 무당이 비롯되었다는 견해는 三國遺事 檀君神話의 내용에 근거를 둔 것이라고 본다. 그러나 檀君의 아들 扶婁를 인민이 尊信하여 壇을 쌓고 벼를 토기에 담아 위성한 扶婁단지의 습속에 관한 기술은 단군신화에는 없는 내용이다.

檀君神話에서는 환웅이 신단수 아래로 삼천의 무리를 이끌고 강림하여 神市를 개창했다고 되어 있는데 이 책의 서문에서는 檀君이 檀木 아래로 강림한 것처럼 서술하고 있다. 즉 환웅의 행적이 檀君으로 바뀌어 있다. 또한 檀君의 아들이 扶婁로 나타나고 있는데 扶婁는 『三國遺事』에 인용된 『壇君記』에 의하면 檀君과 河伯女의 사이에서 태어난 아들로 되어있다. 그러나 『三國遺事』〈北扶餘〉條에서는 扶婁가 解慕漱의 아들로 나타난다. 扶婁가 이처럼 檀君의 아들로도 나타나고 解慕漱의 아들로도 나타나는데 어느 기록이 신빙성이 있는가를 알기 위해서는 『三國遺事』〈高句麗〉條와 〈東扶餘〉條를 검토할 필요가 있다. 여기에서는 해부루의 집단이 解慕漱 집단에게 밀리어 동해 바닷가로 도읍을 옮겼다고 되어 있다. 扶婁가 解慕漱의 아들이라면 解慕漱 집단과 扶婁 집단은 같은 집단이고 解慕漱가 자기 아들의 거주처를 빼앗을 리가 없다. 이런 점에서 『壇君記』에서 말한 것과 같이 扶婁는 檀君의 아들로서 檀君의 뒤를 이은 존재로 보는 것이 타당하리라 여겨진다. 그렇다면 이 책의 저자는 『三國遺事』에 인용된 壇君記의 기록을 바른 것으로 인식했다고 볼 수 있으며 檀君에대한 숭앙감이 남달리 강했던 인물로 추정된다.

다음은 토기에 벼곡식을 담아 위성하는 扶婁단지 또는 업주가리의 신앙을 무속의 기원으로 기술하고 있다는 점이다. 扶婁단지는 지금까지 농가에서 신앙되는 농경생산신에 대한 습속으로서 〈시준단지〉 또는 〈제석단지〉라고도 한다. 扶婁단지가 곡신 숭배 습속이고 벼곡식을 담아 둔다는 점에서 이들은 곡신단지로서 벼의 재배가 시작된 이후에 만들어진 곡신신앙의 습속이다. 그런데 扶婁단지라는 말이 시준단지나 제석단지라는 말보다는 본래의 것으로 추정된다. 〈부루〉라는 말이 불교신의 이름인 〈시준〉이나 〈제석〉으로 바뀐 것은 불교가 전래되어 생산신의 기능까지도 불교신이 담당하는 것으로 인식되었던 저간의 사정을 말해주는 것으로 볼 수 있다.

이 서문에서 무당의 내력으로 말하고 있는 것은 檀君에서 扶婁로 이어지는 檀君조선에서 무속이 시작되었고 농경사회에서 곡신신앙이 가정에까지 보편화되면서 무속신앙이 자리를 잡았다고 보았다는 점이다. 이러한 견해는 비록 실증이나 논증이 없이 서문 형식으로 간략히 기술한 것이기는 하나 매우 중요한 학문적 주장을 내포한 것으로서 주목된다.

3. 굿거리의 그림과 해설

작은 책과 큰 책에는 각기 열세 굿거리에 관한 그림과 설명이 들어 있다。 그런데 굿거리를 배열한 순서는 일치하지 않는다。 이를 대비하면 다음과 같다。

작은 책：①악공 ②感應請陪 ③帝釋巨里(俗稱 산바리기) ④別星巨里 ⑤大巨里(俗稱 崔將軍巨里) ⑥戶口巨里 ⑦祖上巨里 ⑧만신말명 ⑨(축귀?) ⑩唱婦巨里 ⑪成造巨里 ⑫구릉 ⑬뒷젼

큰 책：①不精巨里 ②帝釋巨里 ③大巨里(又云崔將軍巨里) ④戶口巨里 ⑤別星巨里 ⑥感應請陪 ⑦祖上巨里 ⑧만신말명 ⑨구릉巨里 ⑩(성조巨里?) ⑪唱婦巨里 ⑫逐鬼 ⑬뒷젼

이 처럼 굿거리 순차가 두 책이 다른 것은 각 거리가 독립적으로 그려지고 이를 모아 묶는 과정에서 나타난 차이라고 본다。 그렇다면 두 책중에 어느 한 책은 전사본일 가능성이 있다。 작은 책이 원본일 가능성이 크다고 보아 작은 책의 굿거리 순으로 굿거리에 대한 그림과 한문으로 쓰여진 굿거리 설명을 검토하기로 하겠다。

(1) 부정거리

작은 책의 첫페지에는 巫樂을 연주하는 악사의 그림이 있다。 굿거리 명칭도 쓰지 않았고 설명도 없다。 무악 연주자는 흔히 樂工、잽이라고 부르는데 큰 굿에서는 三絃六角을 갖추었다고 한다。 그림에서 남자 하나는 두루마기에 갓을 쓰고 무릎을 꿇고 앉아서 피리를 불고 다른 하나는 해금을 들고 앉아 있다。 여자 하나는 치마 저고리를 입고 제금을 들고 앉았고 다른 하나는 장고를 놓고 앉아 있다。 이들 악사는 청배시에 무악을 연주하고 娛神時에도 무악을 연주한다。 이 그림이 어떤 굿거리를 그린 것인가는 큰 책의 그림에서 드러난다。

큰 책의 첫번째 그림은 작은 책과 같은데 상단에는 〈不精巨里〉라는 굿거리 명칭을 쓰고 다음과 같은 설명을 기록하였다。

시작함에 혹 부정의 생각이 있거나 무명의 잡귀가 있으면 이를 안정시킨다。 이 거리는 오래 전부터 전래되었다(始作 或有不精之慮 無名雜鬼 使之安定 此巨里 年久傳來云耳)。

부정은 흔히 不淨이라고 하며 굿을 행할 때 깨끗하지 못한 모든 것을 부정이라고 한다。 이 책에서는 〈不精巨里〉라고 되어 있으나 일반적으로 쓰이는 말은 〈不淨거리〉이다。 부정은 깨끗하지 못하다는 의미이며 깨끗하지 않은 것은 물질적인 것 뿐만아니라 정신적인 것까지를 포함한다。 무당인 사제자는 굿을 하기에 앞서 몸과 마음을 깨끗이 한다。 흔히 沐浴齋戒라고 하는데 목욕은 육체를 깨끗이 함을 말하고 재계는 마음을 깨끗이 함을 말한다。 머리를 감고 몸의 때를 씻고 새 의복을 갈아 입어 육체를 깨끗하게 하고 일정기간 사람들과 접촉을 하지 않거나 말을 하지 않는 등 마음을 맑고 고요하게 가지기 위한 시간을 갖는다。 또한 제물을 준비하는 사람도 매우 정성을 드려 더러움이 타지 않도록 주의를 기울인다。 만약 더러운 요소가 祭物에 들어가면 부정을 타서 신으로부터 벌을 받는다고 알려져

있다。

그러나 아무리 조심을 한다해도 인간인 이상 더러운 것이 전혀 없을 수는 없다。 그래서 굿의 맨 처음에 부정을 제거하는 굿巨里를 하는 것이다。 서울지역 부정巨里의 무가 일부를 소개하면 다음과 같다。

영정가망에 부정가망
들니도 영정에 날니도 부정에
외상문 부정에 애상문 부정에
말잡어 대마부정 소잡어 우마부졍
천하로 불부졍 지하로 물부졍
화재부졍에 두엄부졍
날김생 길버러지 살생부졍
머릿굿테 백나뷔부졍
선후부졍을 젼젼히 물니여주소사(5)

(2) 感應請陪 俗稱 산바리기

작은 책 셋째면의 그림은 감응거리를 그린 것이다。 상단에는 젯상을 그렸고 하단에는 무녀의 춤추는 모습을 그려 놓았다。 젯상에는 촛대 두개와 술잔 세개、 그리고 향로만을 그려 놓았는데 제물이 별로 없는 것이 특징이다。 하단의 무녀의 그림은 남치마에 초록 두루마기를 입고 흰 수건을 양손에 들고 두 팔을 벌리고 서서 춤을 추는 모습인데 젯상을 등지고 있는 것이 특징이다。

여기에 다음과 같은 굿거리의 명칭과 설명을 한자로 기록해 놓았다。

감을청배 속칭 산바리기

치성할 때 무녀는 태백산을 바라보고 성령 감응을 세번 부른다。 근일에는 풍덕 덕물산을 바라보고 최장군을 청배한다고 하는데 진실을 크게 잃은 것이다。 (致誠時 巫女望太白山 口呼聖靈憾應三遍 近日望豊德德物山 崔將軍請陪云 失眞大矣)

큰 책에는 감응청배가 여섯째 거리로 그려져 있다。 작은 책과 거의 같은 그림을 그려 놓았고 상단에 다음과 같은 설명을 써 놓았다。

치성할 때 무녀는 손에 백지를 쥐고 태백산을 바라보고 성령 감응을 세번 부르는데 이를 단군청배라고 한다。 근일에는 최장군 청배라고 하는데 진실을 크게 잃은 것이다。 (致誠時 巫女手執白紙 望太白山 口呼聖靈憾應三遍 謂之檀君請陪 近日 崔將軍請陪 失眞大矣)

이러한 설명으로 보아 감응거리는 원래 태백산 산신인 檀君을 모시는 굿거리인데 요즈음에 덕물산 최장군을 모시는 굿거리로 변한 것은 잘못되었다는 뜻임을 알 수 있다。

檀君神話를 보면 檀君의 부친 환웅이 처음으로 하강한 산이 태백산이다。 환웅은 태백산 檀樹 아래에 이르러 神市를 개창하고 웅녀와 혼인하여 檀君을 낳았다。 檀君은 환웅의 뒤를 이어 조선을 다스리다가 아사달에 들어가 산신이 되었다。 이런 점에서 태백산 산신은 檀君임을 알 수 있다。 감응거리는 처음으로 국가를 세우고 임금이 된 개국의 시조 檀君을 모시는 거리임이 분명하다。 부정거리 다음에 가장 먼저 제향을 받는 이유도 여기에 있다。 그런데 고려조에 崔瑩장군이 이성계 일파에게 비장한 죽음을 당하자 崔瑩의 혼령이 巫神으로 숭앙되고 개성 덕물산 무당의 신사에 봉안되었다。 조선조에서는 유학자들이 정치를 주도하면서 무속을 경멸하고 탄압하였다。 무속인들은 사회에서 천인으로 박대를 받고 무속은 하층민의 신앙으로 전락하였다。 그렇기 때문에 이성계 일파에게 최후까지 저항한 崔瑩장군은 더욱 강력한 무속신앙을 확보했다고 본다。 그래서 檀君 대신 崔瑩장군을 먼저 모시는 습속이 생겨나게 되었다고 본다。 그러나 檀君은 가장 처음 개국을 한 임금이고 崔瑩은 패배한 고려조의 장군이기에 그 위계를 따지자면 檀君이 우선적으로 모셔져야 마땅하다。 이런 점을 이 책의 저자는 분명히 인식했다고 생각한다。 그래서 진실을 크게 잃었다고 기술한 것으로 본다。

지금까지 가망거리가 어떤 신을 모시는 굿거리인지 분명하지 않았다。 이 책에서 가망거리가 산신이면서 국조인 檀君을 모시는 거리라는 것을 확실히 밝혀 놓은 것은 무속연구에서 귀중한 성과라고 생각한다。

(3) 帝釋巨里

작은 책 넷째면에는 제석거리의 그림이 그려져 있다。 상단에는 젯상에 제물이 그려져 있고 하단에는 무녀가 그려져 있다。 젯상에는 떡과 과일 술잔 등이 석줄로 진설되어 있고 좌우에 촛대가 있으며 젯상 앞에 향로를 놓은 작은 상이 있다。 무녀의 그림은 흰 장삼을 입고 흰 고깔을 쓰고 한손에는 부채를 들고 한손에는 방울을 들고 양팔을 벌리고 서있는 모습이다。 그리고 옆에 〈帝釋巨里〉라는 명칭과 다음과 같은 설명이 쓰여 있다。

檀君을 일컫기를 삼신제석이라고 하는데 고구려 산상왕이 아들이 없어 삼신에게 아들을 빌어 과연 귀자를 얻었다。 그런까닭에 아들 낳기를 발원하는 습속이 이루어졌다。(檀君稱曰 三神帝釋 高句麗山上王無子 禱于三神 果得貴子 故生子發願成俗耳)

큰 책에는 두번째 거리에 제석거리를 그려 놓았다。 그림은 작은 책과 비슷한데 상단에는 다음과 같은 굿거리 설명이 있다。

제석은 곧 단군 성조인데 일컫기를 삼신제석이라고 한다。 어린 아이 열살 이내에 혹 위험한 곳이 있으면 삼신이 보호한다고 한다。 옛날 고구려 산상왕이 아들이 없어 삼신에게 빌어 꿈에서 만나보고 귀자를 낳았다。 후에 아들 낳기를 발원하면서 인하여 습속이 되었다。(帝釋卽檀君聖祖 稱曰三神帝釋 小兒十歲之內 或有危險之地 三神必保護云 故高句麗山上王無子 禱于三神 見夢而生貴子 後生子發願因

爲成俗)

위의 설명대로라면 제석거리는 檀君인 삼신을 모시는 굿거리이고 자녀의 출산을 관장하는 신이 바로 제석이라는 것이다.

제석은 불교신인 〈帝釋天〉에서 명칭을 따온 것이나 본래 무속의 생산신을 말한다. 양주지역 제석거리에서 소놀이굿을 곁들이고 있음을 보면 제석신이 농경생산신의 기능을 가지고 있음을 알 수 있다. 민속에서 항아리에 벼를 담아 모셔두었다가 햇곡이 나면 갈아넣는 것이 있는데 이것은 곡신의 형체로서 〈扶婁단지〉, 〈제석단지〉, 〈시준단지〉 등으로 불리운다. 곡신으로서의 명칭은 檀君의 아들 부루에서 유래한 〈부루단지〉라는 말이 본래의 것이었다고 생각된다. 〈제석단지〉나 〈시준단지〉는 불교전래 이후에 만들어진 말로서 檀君신앙이 불교 신앙으로 대체되면서 바뀌어진 이름일 것이다. 위의 설명에서 제석신은 아들을 출산 양육하는 신으로 말하고 있는데 이는 농경사회가 시작되면서 곡식의 종자를 관장하는 곡물 생산신과 바로 사람의 출산을 관장하는 삼신이 생산을 관장한다는 공통기능에서 같은 신으로 혼동된 측면을 찾을 수 있다.

제석거리에는 제석신의 근본을 이야기하는 〈제석본풀이〉가 구연된다. 〈제석본풀이〉는 여주인공의 이름을 따서 〈당금아기〉라고도 하는데 전국에서 전승되는 무속신화이다.

〈제석본풀이〉는 우리 민족 고유의 무속신화로서 농경생산신 신화로서의 성격을 간직하고 있다. 이 신화는 한 여성과 한 남성이 결합하여 아들 삼형제를 낳았다는 내용으로서 남녀의 결합과 잉태와 출산을 중심화소로 하고 있다. 이는 우리 민족의 건국 신화의 핵심화소와 일치하는 것으로서 특히 〈檀君神話〉 〈朱蒙神話〉와 같은 북방계 국조신화와 동일한 구조를 갖추고 있다.

여주인공의 고유 명칭은 〈당금아기〉인데 이는 촌락이나 골짜기를 의미하는 고구려어 〈돈〉과 신을 의미하는 고어 〈감〉의 결합으로 해석할 수 있고 이는 村神 또는 谷神이라는 의미가 된다. 즉 여주인공은 인간이 거주하는 일정한 지상공간을 관장하는 지역신으로서의 성격을 갖는다. 남주인공인 스님은 스님의 신분에 어울리지 않게 처녀에게 임신을 시키는 행위를 하고도 숭앙을 받는다는 점에서 신화 주인공으로서 본래 신분은 스님이 아니었으리라는 의심을 받게 한다. 스님이면서도 천상적 존재로서 지상으로 하강하고 천상으로 상승하는 天神的 면모를 보여준다. 스님의 거처가 황금산으로 설정된 각편이 많은데 황금은 크다는 의미의 고어 〈한〉과 신이라는 의미의 고어 〈감〉의 결합인 〈한감〉이 구전과정에서 ᄒᆞᆫ감 〉 항감 〉 황금으로 전이되었을 가능성을 생각할 수 있다. 즉 天神 또는 大神이라는 의미를 가진 말로 해석된다. 이런 점에서 남주인공 스님은 본래 천신이었던 것이 불교 전래 이후에 불승을 의미하는 스님으로 바뀌어졌다고 해석된다. 이렇게 본다면 〈제석본풀이〉는 천신인 남성과 지신인 여성이 결합하여 새로운 신을 탄생한다는 이야기가 되며 이는 〈檀君神話〉나 〈朱蒙神話〉와 동궤의 신화로 환원됨을 알 수 있다.

특히 〈제석본풀이〉의 동북지역 전승유형은 주몽신화와 상응하는 성격을 갖추고 있다. 解慕漱와 유화의 결합으로 주몽이 탄생하는 과정과 스님과 당금아기가 결합하여 삼형제가 탄생하는 과정이 상응할뿐아니라 당금아기가 낳은 삼형제가 부친인 스님을 찾아가서 친자확

인을 받는 과정이 類利가 부친인 주몽을 찾아가 친자 확인을 받고 태자로 봉해지는 과정과 상응하고 있다. 이런 점에서 〈제석본풀이〉는 동명신화와 같은 뿌리에서 형성되어 오늘날에 이르기까지 무속신화로서 전승된 서사무가라고 할 수 있다.

제석거리에서 무녀가 고깔을 쓰고 장삼을 입고 염주를 걸고 굿을 하는 것은 불교가 전래된 뒤에 무속의 생산신이 불교의 영향으로 巫服과 巫具 등에서 변화가 일어났음을 보여주는 것이다. 그러나 불교에서는 풍요와 다산을 관장하는 신에 대한 숭앙이 큰 비중을 차지하지 않는다. 따라서 신으로서의 기능에는 큰 변화가 없었다고 할 수 있다.

(4) 別星巨里

작은 책 다섯째 면에는 별성거리의 그림과 설명이 있다. 상단에는 둥그런 소반위에 제물진설의 그림이 있고 하단에는 무녀의 그림이 있다. 젯상 위에는 편을 고여 놓은 위에 꽃으로 장식한 떡상을 앞 중앙에 놓고 과실 등을 담아 놓은 접시 다섯 개를 그 뒤로 진설해 놓았고 좌우로 촛대를 그려 놓았다. 무녀는 흑색 전립을 쓰고 붉은 저고리와 푸른 치마를 입고 그 위에 검은색 쾌자를 걸쳐 입고 오른손에는 큰 칼을, 왼손에는 삼창을 들고 젯상을 등지고 서 있는 모습을 그려 놓았다. 그림에서 나타낸 巫服은 장군의 복색으로 별성신의 모습을 나타낸 것이라고 생각된다.

좌우로 별성거리에 대한 설명을 한문으로 기록해 놓았는데 그 내용은 다음과 같다.

단군의 시신인 고시례가 백성들에게 농사짓는 것을 가르쳤으므로 인민이 그 은혜를 잊지못하여 단군을 청배할 때 이를 별성이라고 이른다. 근일에는 무녀가 최장군을 청배할 때 사도세자를 배행한다고 하는데 이는 횡설수설이 매우 심한 것이다. (檀君侍臣高矢禮 教民稼穡 故人民不忘其恩 檀君請陪時 謂之別星 近日巫女謂之 崔將軍請陪時 思悼世子陪行云 尤極橫說竪說)

큰 책에는 별성거리가 다섯 번째로 그려져 있다. 작은 책과 같은 그림이지만 젯상이 크고 소반이 아닌 네모난 큰 상이란 점이 다르다. 굿거리 설명도 작은 책과 대동소이하다.

단군 청배시에 시신 고시례가 처음으로 백곡을 파종해서 백성에게 농사짓는 법을 가르쳤으므로 백성이 그 은혜를 잊지 못하였다. 근일에는 사도세자를 말한다고도 하는데 이는 횡설수설이 매우 심한 것이다. (檀君請陪時 侍臣高矢禮 始播百穀 教民稼穡故 百姓不忘其恩矣 近日謂之 思悼世子云 尤極橫說竪說)

여기서 이 책의 저자는 별성신의 기원을 농경을 처음으로 백성에게 가르쳐준 檀君의 시신 고시례에 두고 있다. 여기서 별성신이 농경신임을 분명히 하고 있는데 이는 현행 무속에서 별성신의 성격을 분명치 못하게 인식하고 있는 실정에서 매우 중시할 견해라고 생각한다. 또한 근일의 최영장군이나 사도세자를 별성신으로 모시는 현상을 횡설수설이라고 비판하고 있다.

별성신은 〈별상〉이라고도 하는데 흔히 높은 벼슬을 했던 인물의 혼령을 모시는 거리라고 알고 있다. 또한 천연두신을 〈호구별성〉

이라고 하여 별성신을 역병을 관장하는 신으로 알고 있으나 호구거리가 별도로 그려져 있음을 보아 여기에서 그린 별성신은 역병신이 아님이 분명하다. 저자의 설명대로 단군신과 고시례가 처음에 무속의 별성신이었을 가능성이 크다. 즉 백성을 다스리는 일을 행사한 존재가 바로 별성신이라는 것이다. 배경재가 구연한 서울 열두거리굿 중 별상거리에는 청배나 공수가 없고 별상 노래가락만 있는데 여기에 가사는 다음과 같다.

양전별상 뵈오려하고 적막허니 산에올나
호염단신에 구비구비 돌아드이
설상에 매화진 꽃이 나뷔본듯(6)

여기서 양전별상이란 말이 나오는데 이는 왕과 왕비를 함께 일컫는 말이다. 1978년 최명덕이 구연한 자료를 최길성이 채록 보고한 것을 보면 별상공수를 다음과 같이 하고 있음을 본다.

어- 구자 별상님수이라
욕심많은 내 별상 탐심많은 내별상
그 어른 상산별상 배옹남산 불사별상
이나라 이씨별상 저나라 홍씨별상
강남은 대한국에 사신별상님
뒤지도 양마나님 누라하시랴
수원 서자대군 두 데련님은 누라하시랴
김포통진의 새별상은 뉘라 하시랴
웃대궐 들으시구 아랫대궐 들으실적에
금침단침을 마다할소냐
욕심도 많으시구 탐심도 많으시고
외돛 잡아 홍굴레 씌우고
안고 노시구 지고 노시던 내 별상마누라 수위라(7)

여기에서 주목되는 귀절은 〈이 나라 이씨별상 저 나라 홍씨 별상〉이란 부분이다. 이 나라는 조선을 말하고 저 나라는 명나라를 말한다. 조선은 이성계가 개국을 하였기에 이씨 별상이라고 한 것이고 명나라는 주원장이 개국을 한 것이어서 홍씨별상이라고 했다고 본다. 붉을 주자가 붉을 홍자와 의미가 같기에 전승 과정에서 朱氏가 紅氏로 바뀌어질 가능성이 있다. 그렇다면 국가의 군왕을 별성신으로 생각한 것이 분명하다. 그런데 군왕만 별상이 아니고 사신도 별상이 되고 뒤주에 갇혀 비명에 간 사도세자도 별상이 된다. 따라서 군왕을 비롯해서 인세에서 나라의 일을 보았던 존재를 별상신으로 모신다고 할 수 있다. 이런 점에서 본래 檀君과 그의 신하 고시례를 모시던 굿거리라는 이 책의 설명은 一理가 있음을 알 수 있다.

(5) 大巨里

작은 책 여섯째 면에는 대거리의 그림이 있다. 상단에는 젯상을 그리고 하단에는 무녀를 그린 것은 다른 거리와 같다. 젯상은 큰상이고 제물의 배열을 보면 앞 중앙에 편을 고여 놓고 편 위에 꽃을 수북하게 꽂아 놓은 그림이 크게 그려져 있고 그 앞으로 과일과 떡 접시를 여섯개 둘러 놓았다. 좌우에 촛대를 그린 것은 다른 젯상과 마찬가지다. 큰 젯상 앞에 작은상을 그리고 술잔 세개와 향로를 올려놓았으며 왼쪽 바닥에 술병을 그려 놓았다. 무녀는 소매가 넓은 남색 두루마기를 입고 홍갓을 쓰고 왼 손에는 큰 칼을, 오른 손에는 삼지창을 들고 서 있는 모습을 그려 놓았다. 제물에서 다른 거리와 다른 점은 술상을 따로 그린 점이다. 이는 대거리의 주신이 술을 좋아하는 신이란 점을 드러내려한 의도라고 생각한다.

거리 명칭 밑에 속칭 崔將軍巨里라는 설명을 쓰고 왼쪽에 〈단군을 청배한 뒤에 성스러운 뜻으로 소원을 이루도록 해준다고 하는데 옛시절에는 단군의 복색을 사용했는데 근일에는 최장군 복색을 쓴다〉(俗稱崔將軍巨里 檀君請陪後 以聖意所願使之成就云 舊時以檀君服色用之 近日以崔將軍服色用之)라는 설명이 쓰여져 있다.

큰 책에서 대거리를 다섯 째 면에 그려 놓았다. 그림은 작은 책과 거의 같다. 상단에 다음과 같은 굿거리 설명을 써 놓았다.

또는 최장군거리라고 한다. 단군을 받들어 모신 뒤에 성스러운 뜻으로 소원을 이루도록 해준다고 하는데 근일에는 최장군이 하강한다고 이른다(又云崔將軍巨里 檀君奉陪後 以聖意所願使之成就 近日謂之崔將軍下降云)

이러한 설명을 보면 대거리가 옛날에는 檀君을 모시던 거리였는데 근일에 최장군을 모시는 거리로 바뀌어졌고 인간의 소원을 이루게 해주는 신을 모시는 굿거리임을 알 수 있다. 무녀의 복색은 장군신을 나타내는 것으로서 檀君의 모습이 아니고 崔瑩將軍의 모습을 나타낸 것으로 생각된다.

崔瑩將軍은 고려 말기에 명장으로서 왜구를 물리치는데 큰 공을 세웠고 이성계 일파에 대항하여 고려 왕실을 지키려고 끝까지 진력하다가 억울하게 죽은 인물이다. 崔瑩將軍을 처형하고 조선조를 개국한 이성계는 鄭道傳등 신흥 사대부들을 중용하면서 불교와 무속을 탄압하였다. 조선조 지배층으로부터 탄압을 받던 무속인들은 민속 신앙으로서 민족 영웅인 崔瑩將軍을 巫神으로 받들게 되었다. 특히 고려조의 서울이었던 개성을 중심으로 崔瑩將軍에 대한 숭앙이 두드러졌는데 개성 덕물산 위에 巫神堂을 세우고 崔瑩장군의 영을 주신으로 봉안하고 장군의 제일부인인 上山夫人과 제이부인인 義一將軍도 함께 신으로 모신다고 한다.(8)

(6) 戶口巨里

작은 책 일곱째 면의 그림은 호구거리를 그린 것이다. 상단에 그린 젯상에는 둥근 소반에 편, 떡, 과일 등 제물이 진설되어 있고 하단에는 노란 저고리에 홍색 치마를 입은 무녀가 오른 손에는 부채를 펴서 들고 왼손에는 방울을 들고 서 있는 모습을 그리고 있다. 호구거리에서는 향로상이 없고 술잔도 없는 것이 특징이다.

무녀는 붉은 망을 덮어쓰고 있는데 神帽도 쓰지 않고 쾌자도 입지 않은 채 평범한 여성복장으로 굿을 하는 모습을 나타내고 있다. 이러한 그림으로 보아 호구신이 여성신이라는 점을 알 수 있다.

한문으로 쓰여진 굿거리에 대한 설명은 다음과 같이 되어 있다.

〈천연두신을 호구라고 이른다. 가정에서 홍역을 치르지 않은 아이가 있으면 치성드릴 때 그 순두를 빌곤 한다. 근일에 (호구신이) 최장군의 딸이라고도 하고 또는 첩이라고도 하는데 망발이 극한 것이다〉(天然痘神 謂之戶口 家有未疫兒 致誠時祝其順痘 近日謂之崔將軍女 又云妾 妄發極矣)

큰 책에는 호구거리가 네번째로 그려져 있다. 상단에는 큰상에 제물이 진설되어 있는 모습을 그리고 하단에는 무녀를 그렸는데 작은 책의 그림과 크기만 다를 뿐이다. 그림 왼쪽에 굿거리 설명은 작은 책과 거의 같다. 다만 근일에 최장군의 첩을 호구신으로 안다는 말만 누락되어 있을 뿐이다.

호구는 胡鬼라고도 하며 마마나 홍역을 주는 신이다. 이 책에서 〈戶口巨里〉라고 쓴 것은 뜻과 관계 없는 한자 표기라고 본다. 호구거리는 흔히 손님굿이라고 알려진 굿으로서 특정 질병을 주관하는 신을 모시고 위성하는 유일한 굿거리이다. 우두가 개발되기 이전에 마마에 대한 예방법이 없었던 시절에는 마마나 홍역이 전염병의 대명사처럼 알려졌고 병을 준다는 호구신이 매우 무서운 신으로 인식되었다. 동해안 지역에서 전승되는 손님굿의 무가에는 손님신이 인간세계를 돌아다니며 신에 대한 대접이 소홀하거나 신의 비위를 거스르는 집안에는 아이들에게 병을 심하게 앓게하거나 목숨까지 빼앗고 신에게 융숭한 대접을 하는 집안은 병을 가볍게 앓게한다고 되어있다. 그래서 병자가 없더라도 자손을 키우는 집에서는 손님신에 대한 경외감이 대단하였다. 그러나 오늘날은 마마나 홍역이 자취를 감추게 되었고 손님신에 대한 숭앙감도 과거의 유물처럼 퇴색되었다. 손님신은 중국 강남에서부터 압록강을 건너 조선국으로 여행하면서 지나는 길에 병을 주는 것으로 『호귀노정기』에 나타난다. 이런 점에서 호귀신이 우리의 고유한 신격이 아님을 알 수 있는데 호귀신까지도 崔瑩將軍의 딸이나 첩이라고 생각하는 것은 잘못된 견해임이 분명하다. 그러나 호귀신은 그림에서처럼 여성신이 분명하며 崔瑩將軍에 대한 숭앙이 고조되면서 그의 가족이 질병을 관장하는 신으로 개성지역등 일부지역에서 인식되었던 것으로 본다.

(7) 祖上巨里

작은 책 여덟째 면에는 조상거리의 그림이 그려져 있다. 여기에는 젯상이 없고 치마 저고리를 입은 무녀가 오른 손에는 부채를, 왼 손에는 방울을 들고 서 있는 그림을 그려 놓았다. 상단부에 거리에 대한 설명이 다음과 같이 기록되어 있다.

〈치성 드릴 때 조상이 차례대로 들어와 후일 길흉화복을 미리 알려준다고 하는데 이는 무녀의 토색질에 불과한 것이니 가소롭다〉(致誠時祖上次第入來 後日吉凶禍福豫報云 不過巫女討索質 可笑)

큰 책에는 조상거리가 일곱째 거리로 그려져 있다. 젯상 그림은 없고 무녀의 그림만 있는데 작은 책과는 다르게 검은 갓을 쓰고 소매 좁은 두루마기를 입은 무녀의 그림을 그려 놓았다. 일반적으로 조상은 부계의 혈통을 기준으로 모셔지는 신이기에 무녀는 갓을 쓴 남자의 복식을 갖추고 굿을 한다. 이런 점에서 큰 책의 그림이 무속의 실상과 부합한다고 본다. 굿거리 설명은 무녀의 토색질이란 말만 빠져 있을 뿐 작은 책과 큰 차이가 없다.

이러한 설명에서 저자가 무속에 대해 어떤 생각을 가졌는가를 이해할 수 있다. 무속에서 조상신은 가족의 보호령으로서 비중이 매우 높다. 조상거리에서는 원통하게 돌아간 조상신을 청배하여 생전에 못다한 恨을 풀고 후손의 복을 비는 내용이다. 조상신은 위엄이 있고 신통력이 광대한 신이라기보다 불쌍하고 측은한 모습을 보이는 인간적인 신으로 나타난다. 그런데 士大夫의 가정에서는 조상에 대한 숭앙감이 유교적 조상제를 통해 구현되었다. 祠堂에는 부계 조상의 四代祖까지의 위패를 봉안하고 사당제나 사당 고사를 했다. 특정 종교가 없는 사람은 대체로 조상신에게 가족의 보호를 의지하였다고 할 수 있다. 이런 점에서 무속의 조상신은 대체로 서민층에서 위성하는 신의 성격을 보여준다. 젯상 그림을 생략한 것은 조상거리에서 제물을 따로 진설하지 않는 것을 나타낸 것이라고 할 수 있고 다른 신보다 신으로서의 위계가 낮음을 말해주는 점이라고 할 수 있다. 그래서 길흉화복을 예보하는 조상신에 대한 굿거리를 토색질을 위한 구실에 불과한 것이라고 일소에 부치고 있다. 이러한 기술에서 이 책의 저자는 유교적 교양을 바탕으로 비판적 시각에서 무속을 바라보았다고 생각한다.

(8) 만신말명

작은 책 아홉째 거리로 만신말명거리를 그리고 있다. 젯상 그림은 없고 무녀가 남색 장군치마 위에 소매가 넓은 황색의 활옷을 입고 오른 손에 부채, 왼 손에 방울을 들고 서 있는 모습을 그려 놓았다. 굿거리의 설명은 다음과 같다.

무녀는 만신으로 불려지는데 (혹은 萬身 또는 滿神이라고도 한다) 어느것이 옳은지는 알지 못하겠다. 대저 이 춤은 무녀의 연원을 말해 주는 것이다. (巫女稱以만신而(或云萬身 又云 滿神) 未知孰是 大抵此舞張其巫女年淵而已)

큰 책에는 여덟째 거리에 만신말명거리를 그려 놓았다. 그림은 작은 책과 같고 굿거리 설명은 〈무녀의 연원일 뿐이다〉(巫女之年源而已)라고 간략하게 썼다. 그런데 문맥상으로 볼 때 〈年源〉은 〈淵源〉이라야 맞다. 작은 책에도 〈年淵〉이라고 쓴 것을 보아 이것이 단순한 오기라고 생각되지는 않는다. 도처에서 한자의 오기가 많이 나타나는 점을 보아 아마도 저자의 한자에 대한 지식수준이 낮은 것이 아닌가 생각된다.

무녀를 만신이라고 하는 지역은 주로 중부지역인데 李能和의 『朝鮮巫俗考』에서는 萬神에 대하여 다음과 같이 말하고 있다.

우리 말에 여무를 만신이라고 하는데 대개 무당이 제사하지 않는 신이 없기 때문에 만가지 신이라는 뜻으로서 일컬어진 것이다. 만신이란 칭호의 유래는 매우 오래되었다. 포박자를 보면 황제가 동쪽으로 청구에 이르러 풍산을 지나다가 자부선생을 보고 삼황내문을 얻었는데 여기에 만신이란 이름이 새겨져 있다고 이르고 있다. 이로 말미암아 보건대 만신이란 칭호는 청구 즉 조선에서 근원한 것이고 신선의 서책으로부터 나온 것이 아니겠는가. 대개 상고시대인즉 신과 신선이 크게 분별이 없어서 이를 혼동해서 일컬은 것이다. (我語呼女巫曰萬神 蓋巫者無神不祀 故稱之而萬神者歟 萬神之稱由來最久 按抱朴子 皇帝東到青丘 過風山 見紫府先生 得三皇内文以刻 名萬神云云 由是觀之則 萬神之稱 源於青丘(朝鮮) 出自仙書者歟 蓋上古則 神與仙無甚分別 而混同稱之矣)(9)

여기에서 만신이란 칭호는 선교의 서적에서 유래한 것이고 중국 고대의 신화적 군장인 皇帝가 紫府先生에게서 얻은 〈三皇内文〉에 이미 그 명칭이 새겨져 있다고 하였다. 이렇게 본다면 萬神이란 우리 나라 고대의 무속 司祭者를 일컫던 말로서 무당이라는 말보다도 먼저 쓰여진 무녀의 본래 칭호였을 가능성이 있다.

한편 말명신은 무당의 조상신이라고 알려져 있는데 李能和는 『朝鮮巫俗考』에서 신라 명장 김유신의 어머니 萬明을 신격화하여 무녀의 조상신이 된 것으로 기술하고 있다.

만명이라는 것은 신라 김유신의 어머니가 신이 된 것을 만명이라 이름한 것이다. 소운거사 이규경의 『오주연문』에 이르기를 〈여지승람〉에 보면 군위현 서악에 신라 김유신 사당이 있는데 그의 어머니 만명 역시 신이 되어 있다고 하였다. 오늘날 무녀가 주문으로 만명에게 제사하고 만명신을 모신 곳에 반드시 구리 거울을 걸어 놓고 이름을 명도라고 하는 것이 바로 이것이다. (萬明者 新羅金庾信母爲神號萬明 嘯雲居士李圭景五洲衍文云 輿地勝覽 軍威縣西岳 有新羅金庾信祀 其母萬明亦爲神 今巫女之呪萬明而祀之 安萬明神處 必掛銅鏡名曰明圖云云者是也)(10)

말명은 무녀의 조상신으로서 무업을 하다가 죽은 여인의 혼령이 신이 된 것으로 알려져 있다. 김유신의 어머니의 이름이 만명이라는 점에서 말명신의 유래를 설명하고 있으나 그녀가 어떤 행적을 하였기에 무당의 조상신이 되었는가는 알려져 있지 않다. 서울지역 〈말명

공수〉에서는

어- 웃자 선대루 할아버지 할머니 양위말명 아니시랴
이대루 할아버지 할머니 양위말명 아니시랴
삼대루 아버지 업제장에 어머니 복말명 아니시랴[11]

라고 되어 있어 선대의 할아버지 할머니등 조상을 말명신으로 생각하고 있음을 보여준다. 그런데 제주의 조상에 대한 굿거리는 별도로 있기에 말명은 무당의 조상신이라고 보아야 할 것이다.

한편 독경무들은 말명을 신으로 존중하지 않고 잡귀로 다루는데 이들이 구송하는 〈鬼神呼名篇〉에서는 〈화랑박사말명귀〉라고 되어 있어 女巫뿐아니라 男巫인 화랭이 박수가 죽은 귀신을 말명귀라고 하고 있음을 본다. 여기서 흥미있는 사실은 여무들은 여무의 혼령을 말명으로 생각하고 있고 讀經을 하는 남무는 남무가 죽은 혼령을 말명이라고 본다는 점이다. 무속에서는 司祭權이 여무에게 있다. 따라서 무당의 조상신은 당연히 여무라야 된다. 그런데 말명을 잡귀로 보는 경우에는 남녀를 불문하고 무업을 하다가 죽어 귀신이 된 존재를 모두 말명으로 본다는 것이다. 만신 말명거리는 주로 중부지역의 굿하는 무당들이 자기들의 조상신으로 위성하는 굿거리라는 점을 유의할 필요가 있다.

(9) 逐鬼거리

작은 책 열번째 면에는 굿거리 명칭이 없이 그림과 설명만 있다. 젯상 그림은 없이 무녀만 그려 놓았는데 무녀는 흑전립을 쓰고 붉은 저고리에 녹색 치마를 입고 검은색 쾌자를 걸치고 오른 손에는 적색, 황색, 청색의 세개의 기를 들고 왼 손에는 백색과 흑색의 두개의 기를 들고 서 있는 모습이다. 그림으로 보아 五方神將을 청래하여 잡귀 잡신을 물리치는 축귀거리가 분명함을 알 수 있다.

작은 책의 굿거리 설명은 다음과 같다.

오색기로서 지휘하는 五方神將은 일체 잡귀 잡신과 제반 살격을 물리치라고 한다. 근일 병 치성에서 많이 행하여지는데, 어느 시대부터 나온 것인지는 알지 못한다. (以五色旗指揮 五方神將 一切稱鬼雜神諸班殺格 除却云 而近日病致誠多行 未知何時代所自出)

큰 책에 그려진 같은 그림을 찾으면 열세번째에 축귀거리이다. 무녀가 흑전립을 쓰고 흑색 쾌자를 입고 五方 神將旗를 양손에 들고 있는 모습이 작은 책과 일치한다. 굿거리 설명에서 逐鬼라고 쓰고 〈五方기로서 五方神將을 불러서 잡신을 구축한다〉 (以五方旗招五方神將 驅逐雜神)이라는 간략한 설명이 있다.

축귀거리는 재수굿 열두거리에는 들어 있지 않다。 이 굿거리는 설명에 쓰인대로 병굿을 할 경우 神將을 불러서 병을 준다는 잡귀를 제거하는 굿이다。 神將은 東方靑帝神將 南方赤帝神將 西方白帝神將 北方黑帝神將 中央黃帝神將등 五方神將을 위시하여 黃巾力士 風雲神將등 매우 많다。 오색기는 五方을 나타내는 神將의 기호이다。 무녀는 이 깃발의 깃대를 신도들에게 뽑게하여 길흉을 점치기도 하는데 붉은 기가 나오면 길하고 흑색기를 뽑으면 흉하다고 한다。

(10) 唱婦巨里

작은 책 열한번째 면에는 창부거리의 그림과 설명이 있다。 제물은 그리지 않고 무녀의 그림만 있는데 흑전립을 쓰고 붉은 저고리에 초록색 치마를 입고 흑색 쾌자를 걸치고 오른손에 부채를 들고 노란줄을 양손에 쥐고 서 있는 무녀의 모습을 그려 놓았다。 상단의 설명에는 다음과 같이 쓰여 있다。

무녀중에 나이가 젊고 아름답고 묘한 자를 뽑아서 한바탕 유희를 하는 것이니 돈을 거두는 것에 불과할 따름이다。 육십년 이래 차차 성행했다。(巫女擇其年少美妙者 一場遊戲 不過賽錢而已 六十以來次次盛行耳)

큰 책에는 창부거리가 열두번째 거리로 그려져 있다。 무녀의 그림은 작은 책과 같고 굿거리 설명도 작은 책과 거의 같다。

치성시 나이 어리고 아름답고 묘한 무녀를 골라서 한바탕 놀이를 하는 것인데 육십년이래 성행했다。(致誠時 擇其年少美妙之巫女 一場遊戲 六十年來盛行)。

이 설명에서 창부거리가 이 책이 쓰여진 시기로부터 60년 전에 성행했다는 것을 알 수 있고 이는 이 책의 저술년대를 파악하는 귀중한 단서가 된다。 창부거리는 대체로 판소리 광대가 서울에서 활동하던 시기에 성행된 것으로 보이는데 이 책이 을유년에 저작되었다고 되어 있는 바 이 책은 1825년이나 1882년에 저작되었을 가능성이 있다。

창부신은 광대의 신을 말한다。 창부란 소리하는 명창을 말하는데 과거 급제와 같은 경사가 있거나 회갑잔치와 같은 때 소리를 해주고 유희를 하여 모인 사람을 즐겁게 해주는 직업적 연예인이다。 서울지역의 창부거리에는 창부공수와 창부타령이 있다。 창부타령에는 창부신의 외양을 묘사한 치례사설과 창부의 성격을 드러내는 가사가 있다。

광대치장이 업슬손야
절구통바지 골통행전
고양나이 속버선에
몽고삼승 겉버선에

아미탑골 미투리에
장창받고 굽창받고
매부리징에 잦징박고
얼망건 당사끈에
엽낭차고 상낭차고 (12)

이러한 광대의 치례사설을 통해 광대가 매우 멋장이로 차림새를 갖추었음을 알 수 있다。

어떤 광대가 올아왔나
전라도허구 남원광대
한양 경성을 올나올제
으른광대는 저를 불고
아이광대는 옥저불구
한양성내를 올라올제
논틀밭틀을 건너올제
돌두 굴려서 구렁메고
나무두 꺾어서 구렁메구
나무두 꺽어 다리를 놓구
한양성내를 올나왔네 (13)

여기서 광대는 전라도 남원광대가 유명하고 피리나 옥저등 악기를 불며 한양으로 올라와서 노는 사연을 알 수 있다。 소릿광대는 판소리를 불렀던 광대들을 말한다。 그러나 광대의 부류는 명창만 있는 것이 아니고 줄타기 땅재주 등을 보여주는 才人과 가면극을 했던 사람과 소학지희를 했던 부류가 모두 포함된다。 창부신은 이러한 광대가 죽은 신이고 광대가 하는 일 즉 연희를 관장하는 신이다。 그런데 광대는 연희만 보여주는 것이 아니고 홍수맥이나 고사 축원을 함께 해주어 除厄 招福의 행사를 곁들이며 유랑하였다。 이러한 창부들은 본래 무녀들과 협동하면서 굿판에서 놀이판을 벌리기도 했다。

(11) 成造巨里

작은 책 열한번째 거리로 성조거리를 그려 놓았다。 젯상 그림은 없고 하단에 무녀의 그림만 있다。 무녀는 검은색 갓을 쓰고 남치마에 소매가 좁은 녹색 두루마기를 입고 오른 손에 부채、 왼손에 방울을 들고 두 팔을 벌리고 서 있다。 성조거리에 대한 설명은 다음과 같이 쓰여 있다。

단군 시절 매해 시월에 무녀로 하여금 가옥을 지은 것을 축하하도록 하였는데 그 뜻은 인민이 그 근본을 잊지 않도록 함이다。 치성시에는 의례히 거행한다。 속칭 셩주푸리라고 한다。(檀君時每歲十月 使巫女祝成造家之意 人民不忘其本 致誠時依例擧行耳 (俗稱셩쥬푸리)

큰 책에는 성조거리라고 굿거리 명칭을 쓴 그림은 없다。 그런데 열번째 그림에 굿거리 명칭이 누락되어 있는데 이것이 성조거리를 나타낸 것이 아닌가 생각한다。 여기에는 굿거리 설명이 없이 상단에 젯상을 그리고 하단에 무녀를 그렸는데 젯상에는 편떡을 비롯해서 떡과 과일의 그림이 그려져 있고 무녀는 소매가 넓은 색동 원삼을 입고 오른손에 방울을 들고 왼손에 부채를 들고 서 있는 모습이다。 이 무녀의 복식은 일반적으로 서울굿의 성조신의 복식과는 다르다。 성조신은 가옥을 관장하는 남신이다。 대체로 성조거리를 할 때는 갓을 쓰고 두루마기를 입어 남성의 복장을 한다。 이런 점에서 큰 책의 굿거리는 터주거리일 가능성이 있다。 터주는 집터의 신으로서 여성신이다。 흔히 성조신과 터주신은 부부신으로서 가정을 지켜주는 신으로 인식되어 있다。

가옥은 가족들이 사는 삶의 공간인데 가옥의 축조를 〈성조 이룩한다〉라는 말로 표현한다。 사람들은 집을 짓고 새 집으로 이사를 하게되면 새로 성주신을 모셔서 봉안하는 무의를 행한다。 성조신은 대체로 목조 가옥의 경우、 대청 상기둥 위에 백지를 접어 달거나 소나무나 대나무 가지를 꺾어 달아 놓는 것으로 神體를 표현한다。

성주굿에서는 〈성주푸리〉라는 성주신의 유래를 이야기하는 신화가 구연된다。 수원 안성등 경기 남부지역에서 전승되는 성주신화로 다음과 같은 황우양씨의 이야기가 있다。

황산뜰에 대목 황우양씨 부부가 살고 있었다。 어느날 황우양씨는 하늘의 옥황상제로부터 쇠동풍으로 쓰러진 천상의 궁궐을 다시 지으라는 명령을 받는다。 황우양씨는 부인이 만들어준 연장을 가지고 소진뜰을 지나다가 누구와도 말하지 말라는 부인의 당부를 저버리고 소진랑과 대화를 나누게 된다。 소진랑은 재액을 예방해 준다고 황우양씨와 옷을 바꾸어 입고 황우양씨 부인이 천하절색이란 소문을 듣고 황우뜰로 와서 부인을 납치한다。 부인은 소진뜰로 잡혀와 결혼을 강요하는 소진랑에게 몸이 부정하다고 구메밥 삼년을 먹으며 혼사를 지연한다。 이 사이 황우양씨는 몽조가 이상하여 점복을 해 보고 부인이 변고를 당한 것을 알고 급히 내려와 소진랑을 징치하고 부인과 함께 황우뜰로 다시 돌아와서 페허가 된 곳에서 새로 가옥을 짓고 부부 해로한다。 후에 황우양씨는 성조신이 되고 부인은 지신이 된다。

이 설화에서 성조신은 집 짓는 일을 하는 목수이고 地神이 된 부인은 대장장이였음을 알 수 있다. 또한 가정은 부부가 중심이라는 사고를 찾을 수 있는데 이는 조선조 후기 사대부층이 가정을 부자 중심으로 인식하고 부계 혈연집단인 家門을 존중했던 의식과는 다른 점이다.

성주굿에서는 솔씨를 심어 키워 재목을 만드는 과정에서부터 가옥을 축조하고 세간집물을 두루 갖추어 놓는 축원사설을 비롯하여 농사를 짓는 과정을 묘사하고 자손을 생육하여 과거급제시켜 영화를 누리는 사설들이 장황하게 구연된다. 이 사설들은 〈고사반〉이라고 하여 민요로도 불려지고 광대나 사당패등 전문 연예인의 축원사설로 전승되기도 하였다.

(12) 구릉거리

작은 책 열두번 째의 굿거리 그림은 구릉거리다. 제물 그림은 없고 무녀의 그림만 있는데 무녀는 빗갓을 쓰고 홍포를 입고 오른손에 부채, 왼손에 흰 주머니를 들고 있다. 주머니 그림 옆에 백지에 금전을 싼 것은 여행길에서 떠도는 귀신을 먹이는데 쓰인다(白紙裏金錢以助贐于連路浮鬼云) 라는 설명이 있다.

이 그림은 군웅신의 모습을 그린 것이라고 할 수 있는데 군웅이란 국가의 중요 임무를 수행하는 벼슬아치를 나타낸 신으로 보인다.

굿거리 설명은 다음과 같이 되어 있다.

명나라 시절에 물길로 왕래를 하였기 때문에 매양 사신이 출발할 때를 당하면 사신성황(모화현 밖)에게 무녀가 아무 사고 없이 돌아오기를 빈다. 이로 인하여 풍속이 이루어져 치성시에 의례히 거행한다. (明時以水路往來 故每當使臣出發時 使臣城隍(慕華峴外) 以巫女祝其無故回還矣 因爲成俗 致誠時 依例擧行 (白紙裏金錢以助贐于連路浮鬼云))

큰 책에는 구릉거리가 아홉번째로 그려져 있다. 무녀의 복식은 작은 책과 다름이 없으나 왼손에 흰 주머니 대신 방울을 들고 있는 점이 다르다. 굿거리 설명도 작은 책보다 간략하다.

명나라 때 물길로 왕래하기 때문에 사신이 출발후 그 무사히 회정하기를 빈다고 한다. (明時以水路往來 故使臣出發後 祝其無事回程云耳)

이 설명에 따르면 구릉은 사신의 신으로서 모화현 서낭신에게 사신의 무사 귀환을 비는 굿에서 형성되었다는 것이다. 그러나 구릉은 군웅이라고 하며 사신이 혼령뿐 아니라 전쟁터에서 죽은 장군의 혼령도 군웅신으로 알려져 있다. 이런 점에서 使臣, 장군등과 같은 국가의 임무를 수행하던 인물이 죽어서 신으로 정립된 존재라고 생각된다.

(13) 뒷전

작은 책과 큰 책 모두 마지막 장에는 뒷전거리의 그림이 있다. 상단에는 작은 소반에 떡 한 접시와 밥 세 그릇을 그려 놓았고 하단에는 주황색 저고리에 초록 치마를 입은 무녀가 북어를 양 손에 갈라 쥐고 춤추는 그림을 그려 놓았다. 작은 책에 쓰여진 뒷전거리 설명은 다음과 같다.

치성이 끝나면 이름 없는 잡귀 일체를 풀어 먹이여 안정하도록 한다. 연대는 고증할 수 없으나 전해 오는 습속이다. (致誠畢無名雜鬼一切犒饋 使之安定 年代無考 傳來之俗而已)

큰 책에도 작은 책과 비슷한 굿거리 설명이 쓰여 있다.

치성이 뒤에 이름 없는 잡귀 일체를 풀어 먹이여 안정하도록 한다. (致誠後 無名雜鬼 一切犒饋 使之安定)

뒷전은 굿의 마지막 거리로서 신들을 따라 다니는 잡귀들을 풀어 먹이는 거리이다. 그래서 제물을 조금씩 덜어 한데 섞어서 큰 함지에 담아 바가지로 퍼서 먹이기도 하는데 여기에서 여러 가지 굿놀이가 펼쳐지기도 한다. 중부지방에서 이 뒷전에서 〈장님 놀이〉 또는 〈맹인 놀이〉라는 무희가 연행되기도 한다. 뒷전에 등장하는 신들은 걸립, 서낭, 영산, 상문등 인세에서 죽어 간 여러 망령들이다. 연희에서 연출하는 신의 모습도 바로 이러한 다양한 인간들의 모습이다. 그래서 뒷전은 인간적인 신의 모습을 연출한다.

4. 『巫黨來歷』의 무속적 의의

무속은 우리 민족에서 자생한 고유 신앙이다. 무속은 신과의 직접 교령을 통하여 인간의 憂患疾苦를 해결한다는 점에서 동북 아시아 일대에서 전승되는 샤머니즘과 본질적으로는 다를 바가 없다. 그러나 한국의 무속은 누천년 한국의 역사와 문화에 순응하면서 한국적 풍토에 맞도록 변모되어 오늘에까지 이어져 내려왔다. 그리하여 유교, 도교, 불교등 동양의 종교 사상을 받아들여 수용하고 한국인의 삶의 방식과 기질에 부응하면서 일반 대중의 신앙으로서 기반을 구축하고 각 시대 상황에 따라 일정한 몫을 수행하여 왔다. 이런 점에서 무속은 우리 민족의 민족문화를 이해하기 위해서 매우 중요한 전통 사상이라고 생각한다.

그러나 무속은 삼국시대 이후 지배층의 사상으로서 위치를 상실하고 주로 일반 서민 대중의 가족적 祈福信仰의 기능을 담당하였기에 무속 현상은 지식인에게 큰 관심을 끌지 못했고 무속 의식이나 무가를 문헌의 기록으로 남긴 것이 매우 적다. 개화기 이전에 문헌에 기록된 무가사설은 고려속요로서 전해지는 〈處容歌〉와 『時用鄕樂譜』 소재 〈儺禮歌〉 〈城隍飯〉 〈大王飯〉 〈內堂〉 〈雜處容〉 등이 있을 뿐이고 본격적인 무가의 수집 정리는 20세기에 들어와서 손진태의 『朝鮮神歌遺篇』(동경 향토문화사, 1930)에서 비롯되었다.

巫俗儀式에 대한 기록도 매우 드물다. 문헌 기록은 대체로 한문으로 된 것이고 이는 한학의 교양을 쌓았던 사대부들이 남긴 것이 대부분이기에 무속 현상을 객관적으로 조사해서 기록하려는 시도는 개화기 이전까지 거의 전무한 실정이라고 할 수 있다. 사대부들이 무속에 대해 언급한 것은 무속 현상에 대한 느낌을 적은 漢詩나 비평적 글이 몇 종 있을 뿐이다. 고려조 李奎報의 장편 한시 〈老巫篇〉과 조선조 중엽 허균의 〈譴加林神〉, 그리고 조선후기 李圭景의 『五洲衍文』 등에 단편적으로 언급된 기록이 있을 뿐이다. 따라서 개화기 이전의 무속 현상에 대해서 객관적이고 체계적으로 기술한 자료는 거의 없다고 해도 과언이 아니다. 이런 상황에 비춰 볼 때 이 책은 서울지역 큰 굿의 각 거리를 그림으로 그리고 간략하나마 굿거리에 대한 유래를 기록했다는 점에서 특이한 가치를 가지는 책이다.

굿거리 그림은 제물과 무녀를 그린 것인데 사진기가 없던 시대에는 굿의 모습을 그림으로 표현하는 것이 가장 실감나게 현장을 기록하는 방법이었다. 제물의 그림을 통하여 제물의 종류를 알 수 있고 무녀의 그림을 통해서 巫服과 巫具를 알 수 있다. 이런 점에서 이 책은 훌륭한 서울지역의 巫俗誌라고 생각한다.

또한 서문을 위시하여 각 굿거리마다 무속의 유래 및 굿거리의 성격을 언급한 것이 있는데 비록 간략한 자기 견해의 피력에 그치고 있으나 그 중에는 매우 중요한 학문적 견해가 들어있다. 저자는 무속의 시원을 檀君에서 찾고 있고 感應거리, 帝釋거리, 大巨里, 別星거리등을 檀君시절부터 시작되었다고 보고 檀君이나 檀君과 관련된 인물신을 모시는 굿거리라고 주장하고 근일에 이들 굿거리가 崔瑩장군이나 崔瑩장군과 관계가 있는 인물을 모시는 굿거리로 행해지는 것은 망발이라고 비판하고 있다.

무속의 시원을 檀君에서 찾는 주장은 이 책의 저자만의 독특한 주장은 아니다. 무당의 가장 주된 기능이 신을 모시는 司祭者로서의 기능이고 고대 사회에서 제의와 정치가 분리되기 이전에는 군장이 사제의 일을 맡아 했기에 고조선을 개국한 檀君을 무당으로 보는 견해는 온당하다고 본다. 우리 민족의 역사는 檀君에서 시작되었다. 그리고 檀君朝鮮 시절에는 유교나 불교가 전래되기 이전이었다. 따라서 檀君은 무속 사제인 무당임에 틀림없다.

저자는 感應거리가 檀君을 모시는 굿거리이고 帝釋거리는 檀君의 신하 高矢禮를 모시는 굿거리이며 大거리나 別星거리는 중국에 가는 사신의 신을 모시는 굿거리라고 보고 있다. 이러한 견해는 매우 주목할 학문적 가치가 있는 주장이다. 感應거리는 가망거리라고도 하는데 지금까지 가망거리의 성격에 대해서는 학계에서 설득력 있는 주장이 제기된 것이 없다. 가망이란 말의 의미도 알 수 없고 어떤 신인지 신으로서 하는 일이 무엇인지 알려지지 않았다. 그런데 가망거리는 부정거리 다음으로 가장 먼저 행해지는 굿거리이기에 나중에 모셔지는 신보다 위계가 높은 신이라는 점은 분명히 알 수 있다. 인간사회에서는 配分이 높은 윗 분을 먼저 모시는 것이 일반적 관례이고 이는 제전에서도 그대로 통용되기 때문이다. 신의 배분이 높다는 것은 관장 범위가 상대적으로 넓고 나이가 많다는 것을 의미한다고 볼 수 있다. 관장 범위를 국가, 마을, 가정으로 구분하면 국가를 관장하는 신이 마을이나 가정을 관장하는 신보다 배분이 높을 것이고 나이를 따져 위차를 정한다면 檀君조선시에 활동했던 인물이 삼국시대나 고려조 때 생존했던 인물보다 높아야 됨은 당연하다. 이런 점에서 최초의 임금인 檀君이 가장 먼저 초빙되는 것이 당연하다고 본다.

그러나 저자는 지나치게 檀君과 崔瑩을 대립시켜 檀君을 모시던 굿거리가 崔瑩장군을 모시는 굿거리로 바뀌어진 것에 대해 조소적 비판을 가하고 있음을 본다. 특히 大巨里는 崔瑩장군을 모시는 굿거리로 행하여지고 있는데도 이를 구태여 檀君에게 결부시키고 있다. 한 굿에서 어느 특정신을 청배하는 굿거리는 하나면 족하다. 따라서 檀君이나 崔瑩이 여러 거리에서 반복해서 두번이고 세번이고 청배되지는 않았을 것으로 본다. 굿거리는 시대에 따라 새로 만들어지기도 하고 없어질 수도 있고 성격이 바뀌어 질 수도 있다.

무속은 원시 신앙에서 출발한 주술 종교로서 근대의 과학적 합리적 사고와는 다른 사상이다. 그리하여 조선조 사대부들도 무당을 惑世誣民하는 무리라고 폄시하였고 신을 빙자해서 무지한 백성을 토색질하는 존재로 보기도 했다. 그러나 무업은 아무나 할 수 있는 일이 아니고 신과의 交靈能力을 체득한 사람만이 할 수 있는 불가사의한 일이다. 무속의 사상은 하늘이 품부한 자연적 본능을 중시하고 인간에게 이를 자극하여 활기찬 삶을 살도록 한다. 인간의 본능은 오래 살고 잘 살기를 바란다. 오래 산다는 것은 개인의 수명이 길다는 의미도 있지만 자손들이 계계승승하여 장구하게 삶을 지속하는 것까지를 의미한다. 잘 산다는 것은 물질적 정신적으로 풍요한 삶을 사는 것을 말한다. 궁핍하지 않고 근심 걱정 없이 자유롭게 사는 삶이 잘 사는 삶이다. 무속 사상이 지향하는 궁극은 바로 이같은 잘 살고 오래 사는 삶을 신의 도움을 받아 성취하려는 것이다. 그래서 무속 사상은 매우 본능에 충실하고 무속의 신들은 본능적 욕구 실현에 과감하며 솔직하다. 이런 점에서 무속을 새롭게 이해할 필요가 있다.

徐 大 錫 (서울大學校 人文大學 國語國文學科 教授)

- 註 -

(1) 赤松智城、秋葉隆、『朝鮮巫俗の 研究 上』(大阪屋號書店 1937) 111~112면

(2) 윤광봉、宋晩載의 〈觀優戲〉、(한국 연희시 연구、이우출판사、1987) 175면~176면

(3) 윤광봉、宋晩載의 〈觀優戲〉、(한국 연희시 연구、이우출판사、1987) 107면

(4) 앞 책、99면

(5) 赤松智城、秋葉隆、앞 책

(6) 赤松智城、秋葉隆、앞 책

(7) 최길성、『한국무속지 2』(아세아문화사、1992) 293면

(8) 赤松智城、秋葉隆、『朝鮮巫俗の 研究 下』(大阪屋號書店、1938) 74면

(9) 李能和、『朝鮮巫俗考』(계명19호、1927) 29면

(10) 앞 책、42면

(11) 김태곤、『한국무가집1』(원광대 민속학연구소、1971) 29면

(12) 赤松智城、秋葉隆、『朝鮮巫俗の 研究 上』(大阪屋號書店、1937) 111~112면

(13) 앞 책 112면

凡例

一、이 책은 서울大學校 奎章閣에 소장되어 있는 二種의『巫黨來歷』(작은책、도서번호：古1430～18、원본크기：가로 17㎝、세로 21㎝。큰책、도서번호：가람古398・3～M883、원본크기：가로19・5㎝ 세로28㎝)二冊을 一冊으로 合本하여 100퍼센트로 영인、간행한 것이다。

二、영인본 각 책의 첫머리에는 그 책에 수록된 기사의 목차를 작성해 실었다。

三、표지의 書名은 가람본의 表題를、도안은 가람본의『帝釋巨里』에 실려 있는 그림을 이용하였으며、「서울大學校 奎章閣」부분은 丁酉字本 서적에서 集字하였다。

目次

〈古1430-18〉

서문 …… 三十
악공 …… 三十一
感應請陪 …… 三十二
帝釋巨里 …… 三十三
別星巨里 …… 三十四
大巨里 …… 三十五
戶口巨里 …… 三十六
祖上巨里 …… 三十七
만신말명 …… 三十八
축귀 …… 三十九
唱婦巨里 …… 四十
成造巨里 …… 四十一
구릉 …… 四十二
뒷젼 …… 四十三

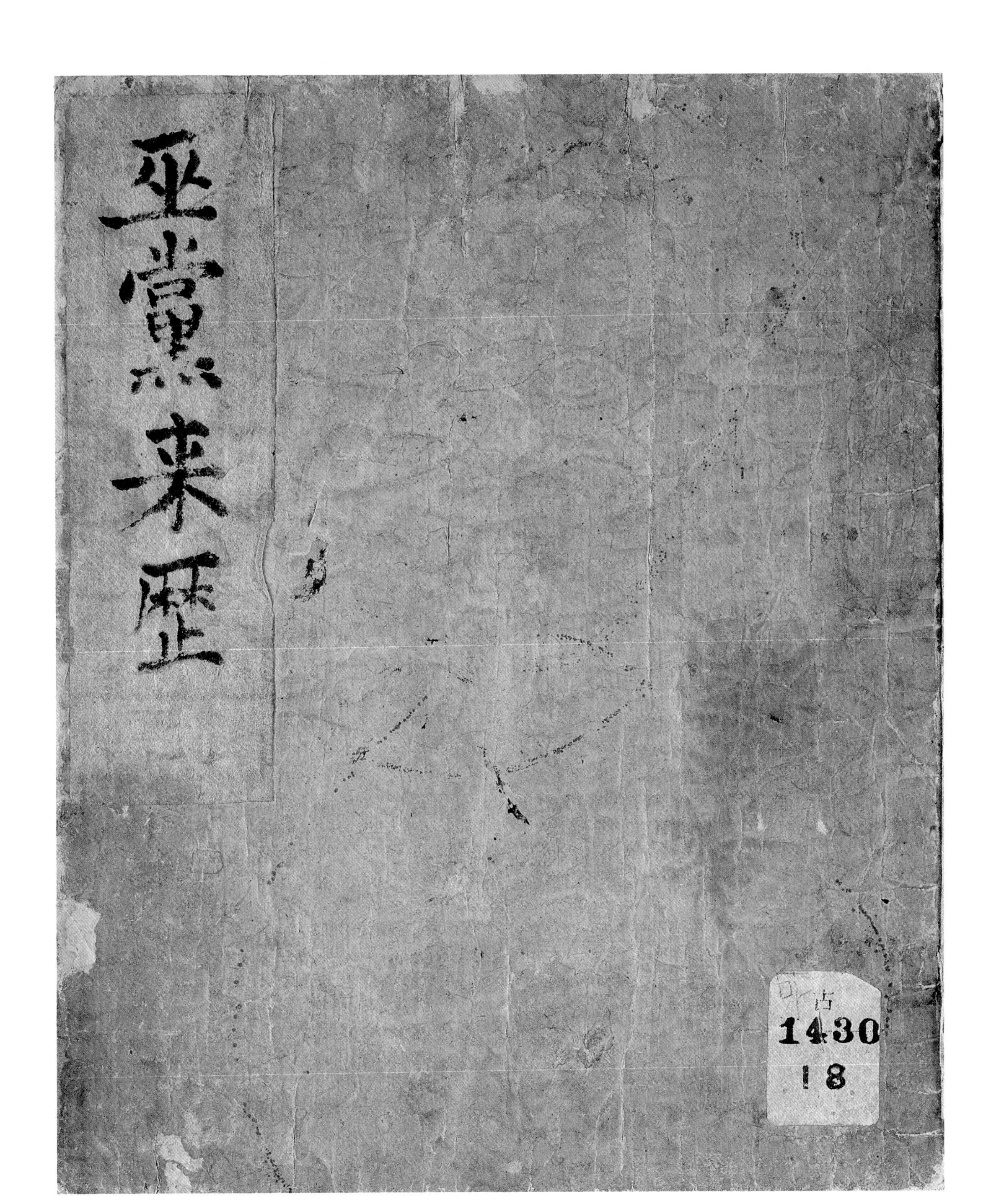
亞黨来歷
古
1430
18

巫黨來歷

上元甲子唐堯時 十月三日神人降于太白山(白頭山 或云妙香山)檀木下是為檀君乃設神教而教之長子扶婁賢而多福故人民尊信後日擇地築壇土兜盛禾穀編草掩之稱曰扶婁檀地(業主嘉利)每歲十月新穀既登以甑餅酒果致誠祈禱祈禱時必用老成女子世稱巫人其後數文僧加謂之巫黨邇來百濟端豈出漢唐以巫覡頗繁近日佛家謂之新羅中葉咸陽寺地有法雨和尚生八女分遣八路為巫云無據訛言莫此為甚

時乙酉仲春 蘭谷破寂耳

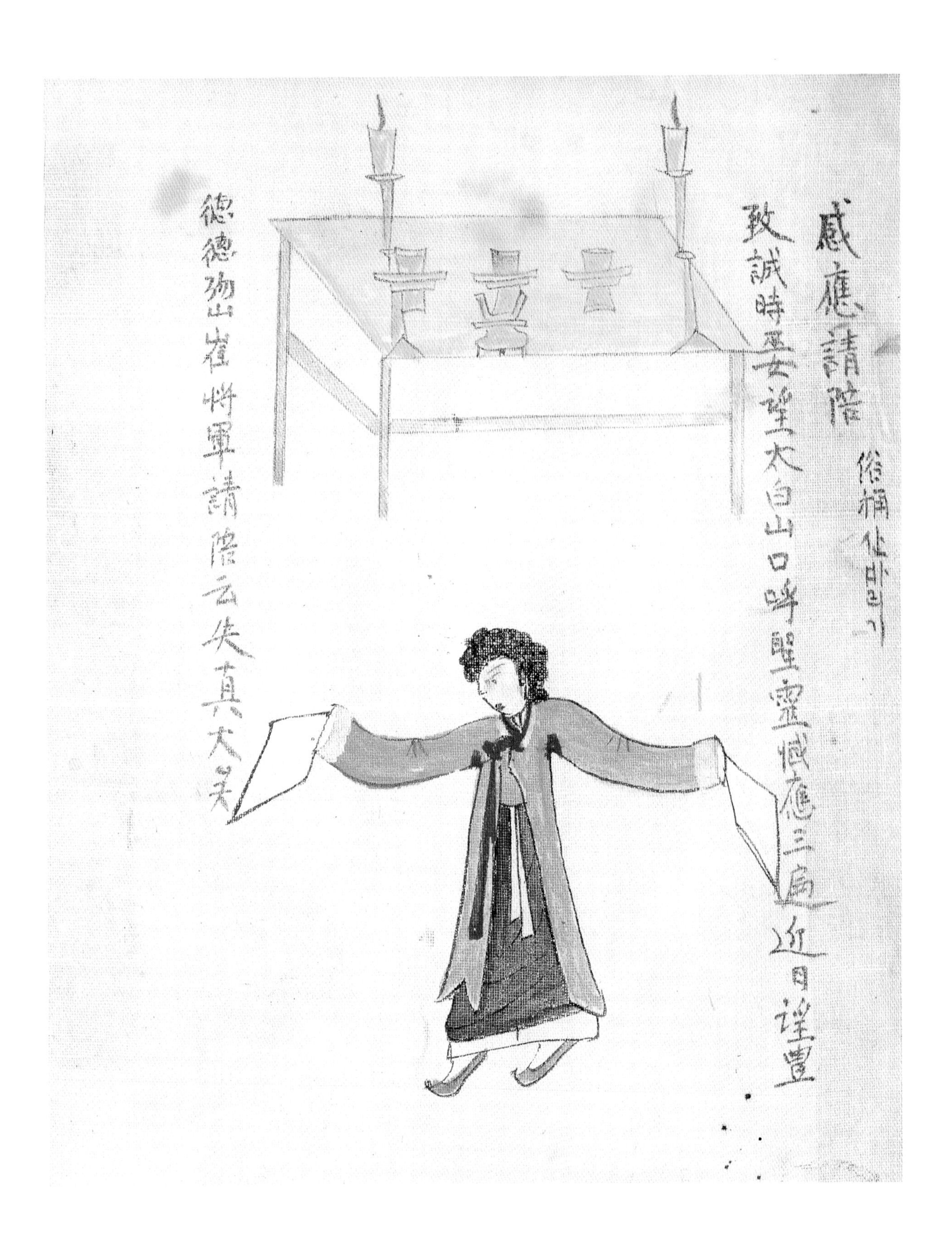
感應請陪
俗稱 산바라기
致誠時巫女望太白山口呼聖靈感應三扇 近日望豊
德德物山崔將軍請陪云 失真大矣

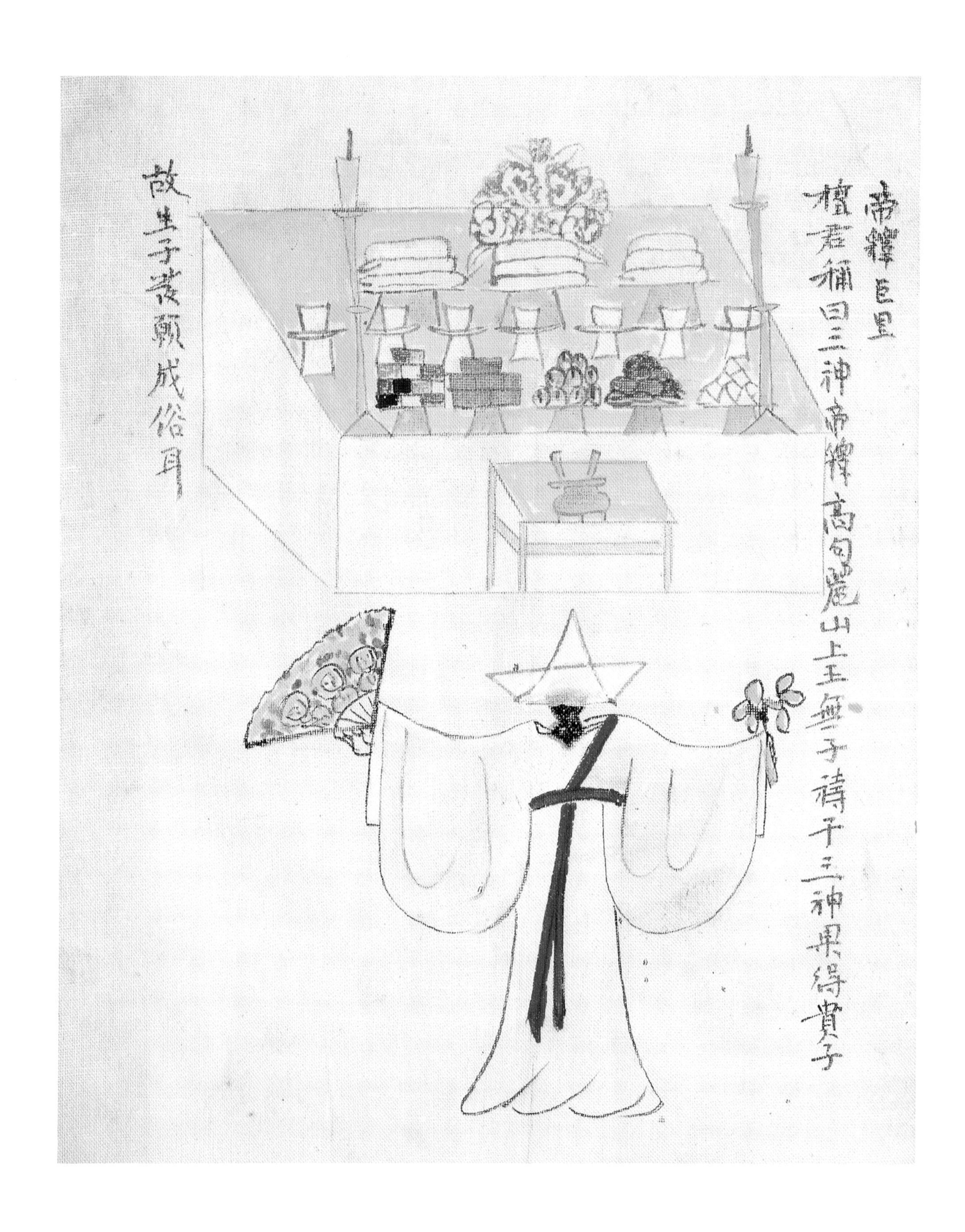

帝釋巨里
檀君稱曰三神帝釋高句麗山上王無子禱于三神果得貴子
故生子後頭成俗耳

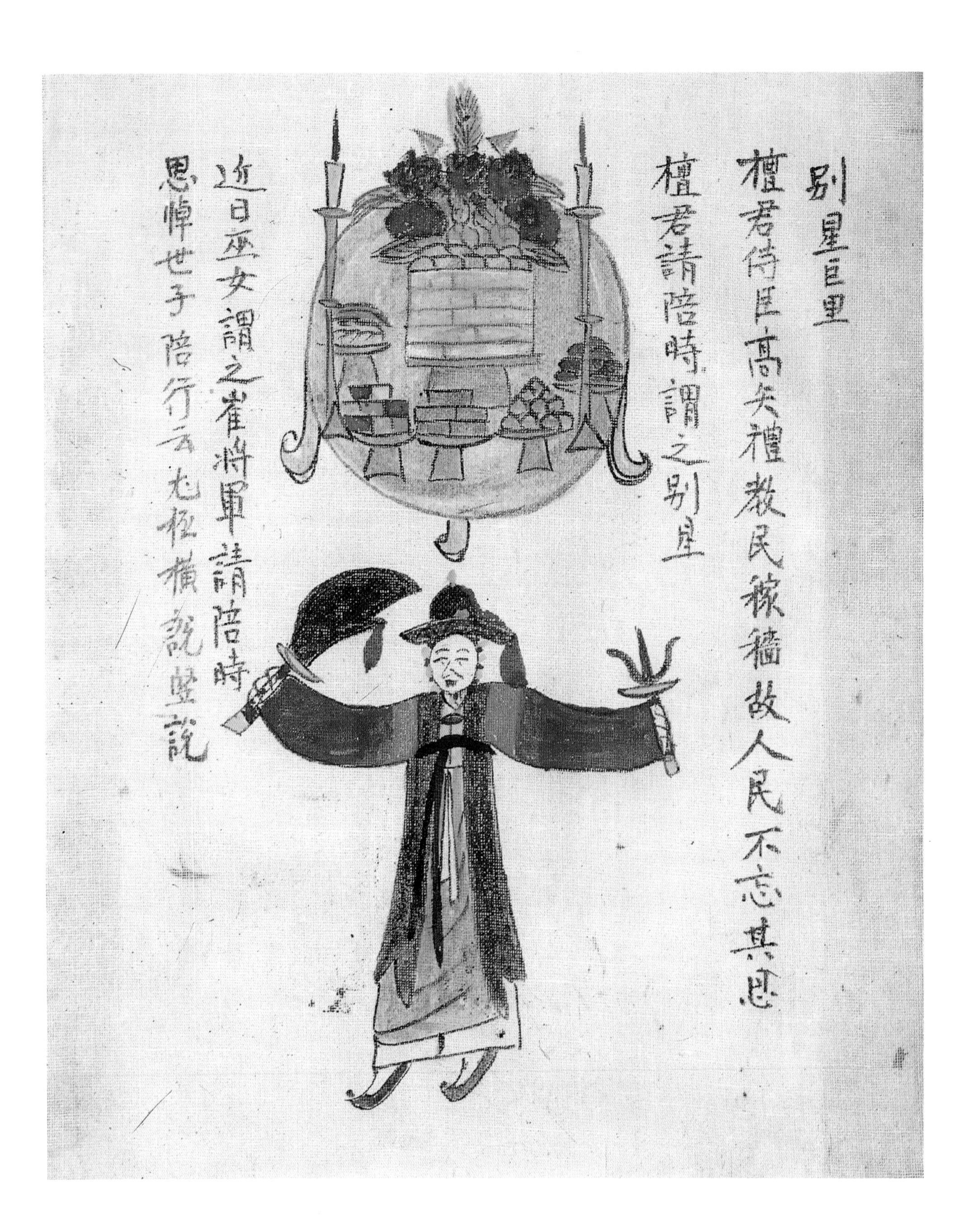
別星巨里
檀君侍臣高矢禮敎民稼穡故人民不忘其恩
檀君請陪時謂之別星
近日巫女謂之崔將軍請陪時
思悼世子陪行云尤極横說竪說

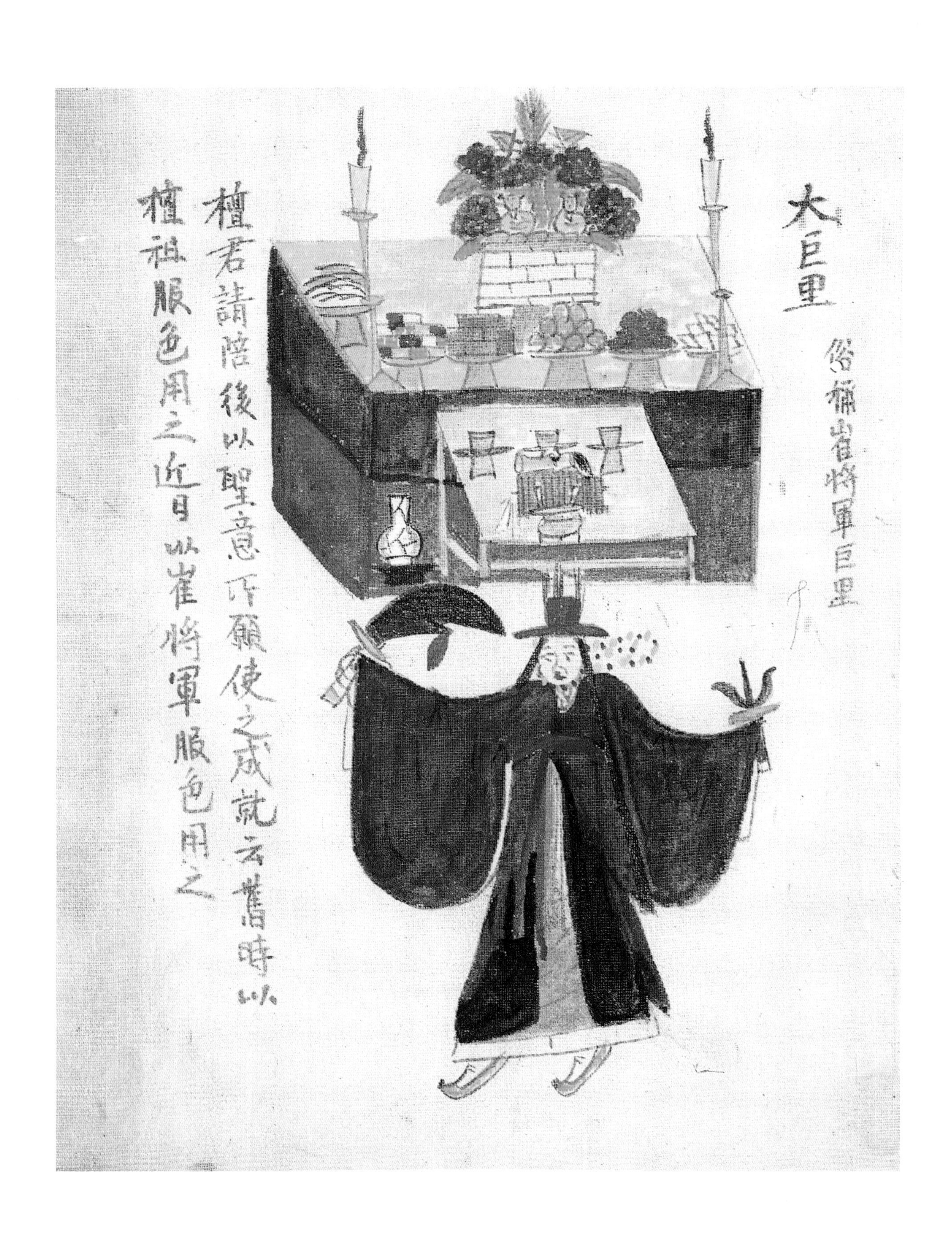
大巨里
俗稱崔將軍巨里
檀君請陪後以聖意所願使之成就云舊時以
檀祖服色用之近日以崔將軍服色用之

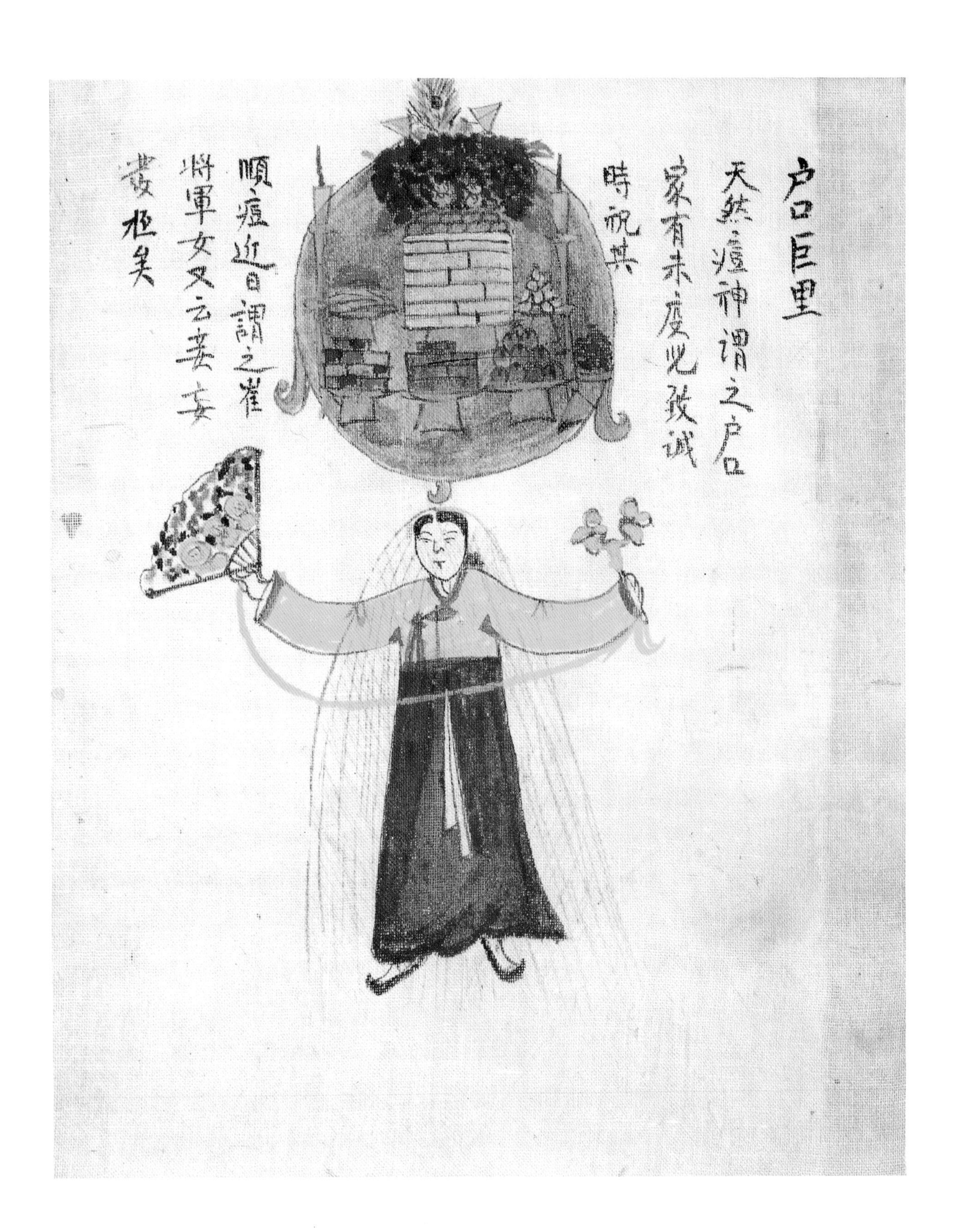
户口巨里
天然痘神謂之户口
家有未度兒致誠
時祝其
順痘近日謂之崔
將軍女又云妾妾
褻極矣

祖上巨里

致誠時祖上次第

入来後日吉凶禍福

豫報云不過巫女

討索之可笑[illegible]

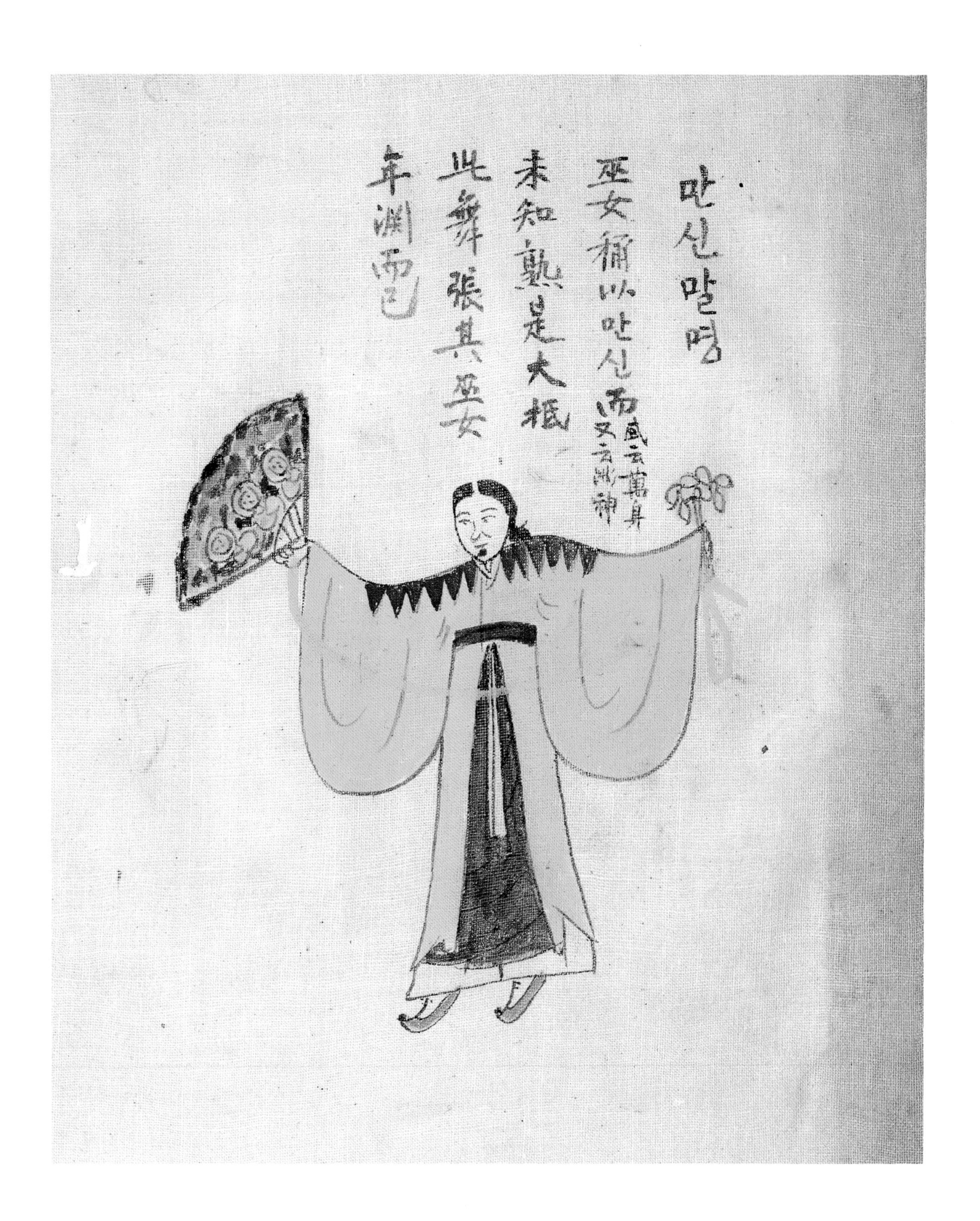
만신말명
巫女稱以만신而 或云萬身 又云別神
未知孰是大抵
此舞張其巫女
年淵而已

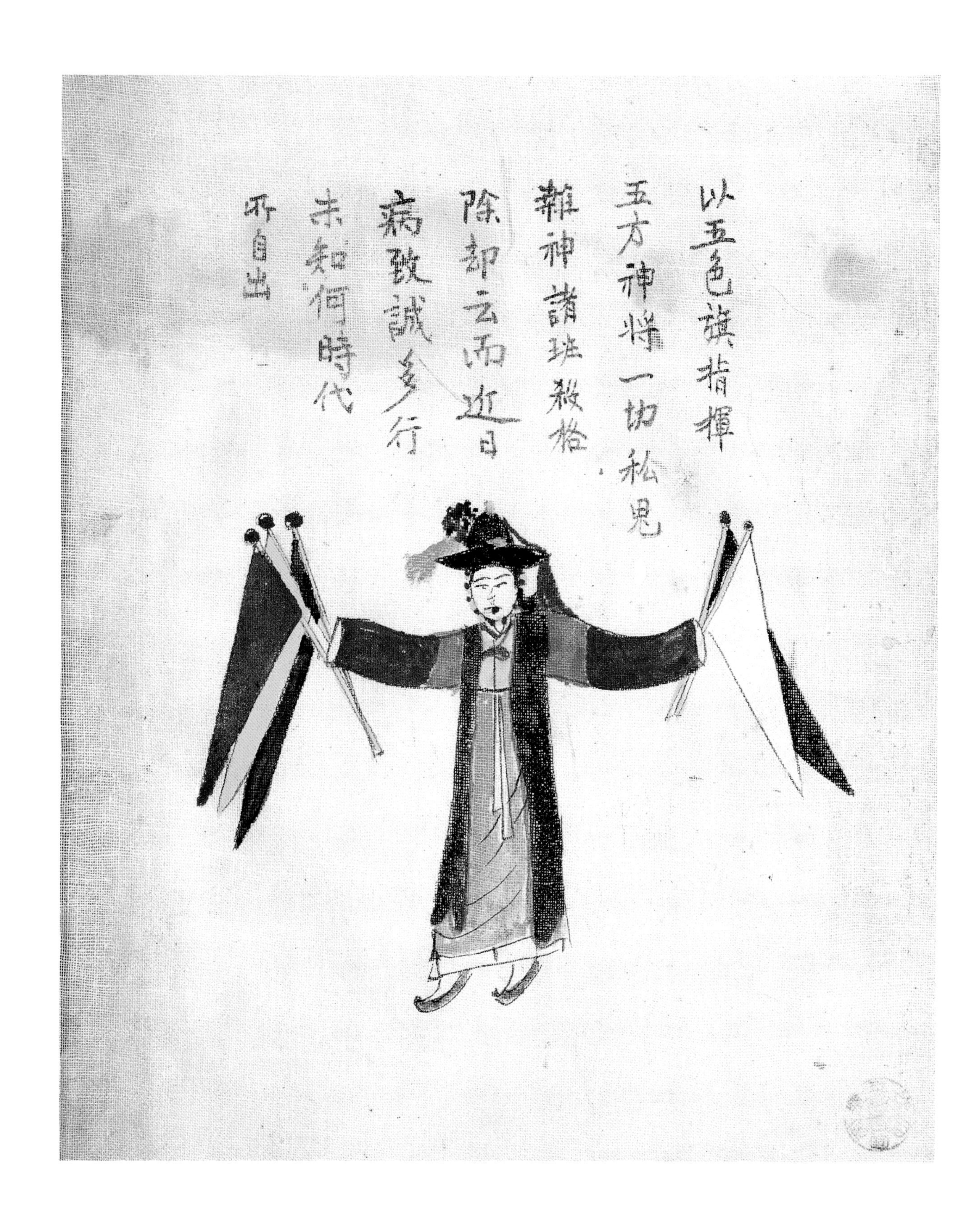
以五色旗指揮
五方神將一切私鬼
雜神諸班殺格
除卻云而近日
病致誠多行
未知何時代
所自出

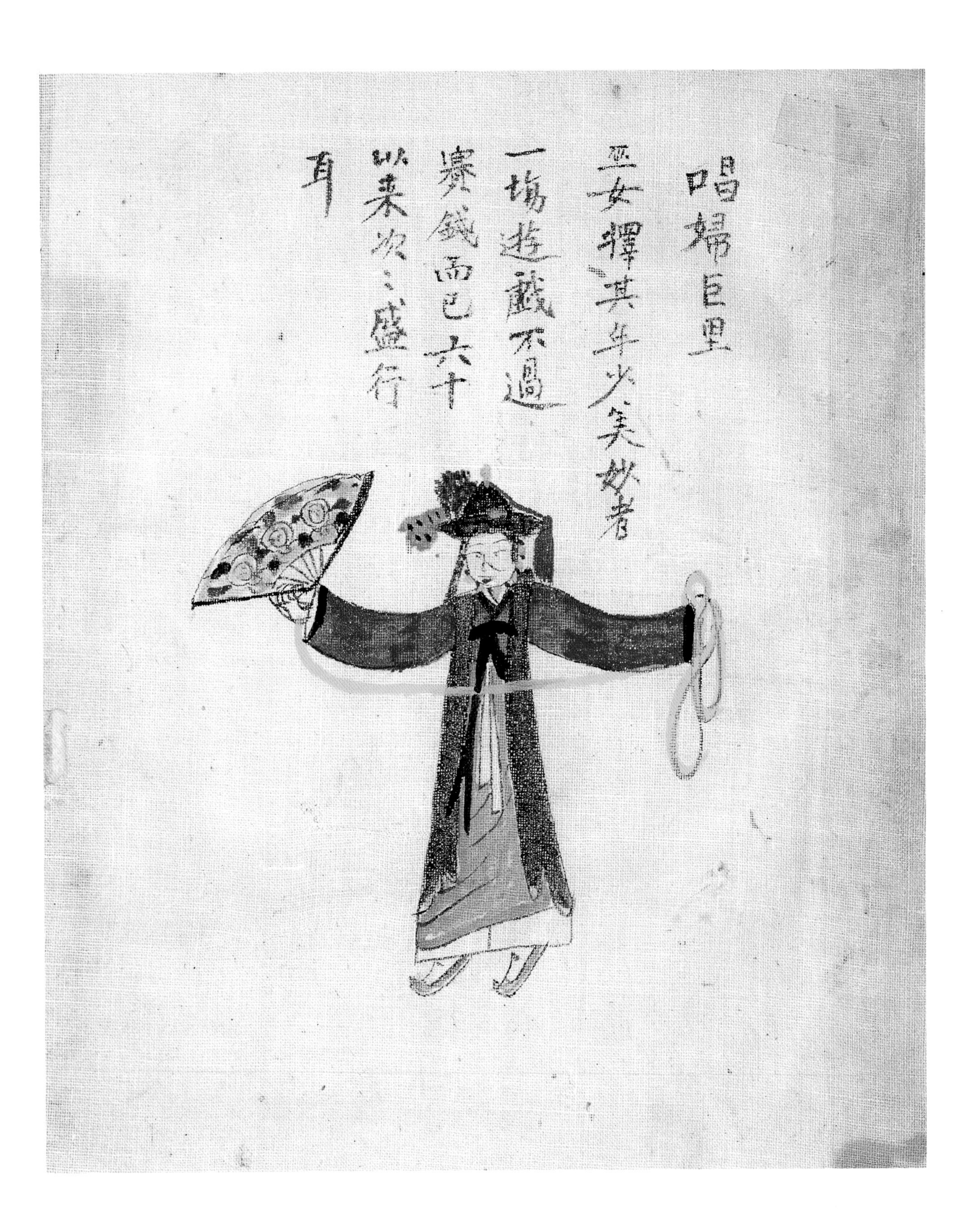

唱婦巨里
巫女擇其年少美妙者
一場遊戲不過
賽錢而已六十
以来次々盛行
耳

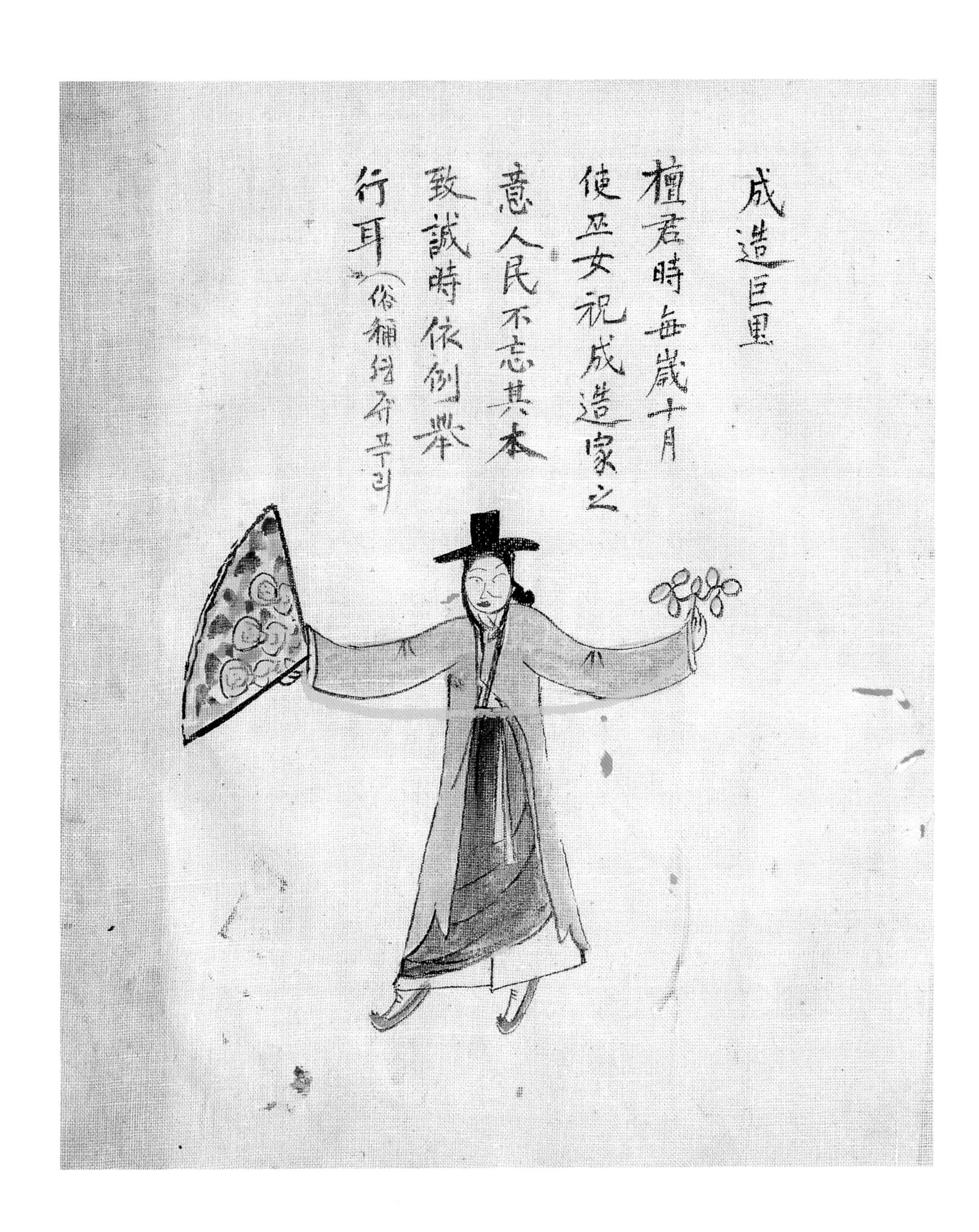

成造巨里
檀君時每歲十月
使巫女祝成造家之
意人民不忘其本
致誠時依例擧
行耳(俗稱셩쥬푸리)

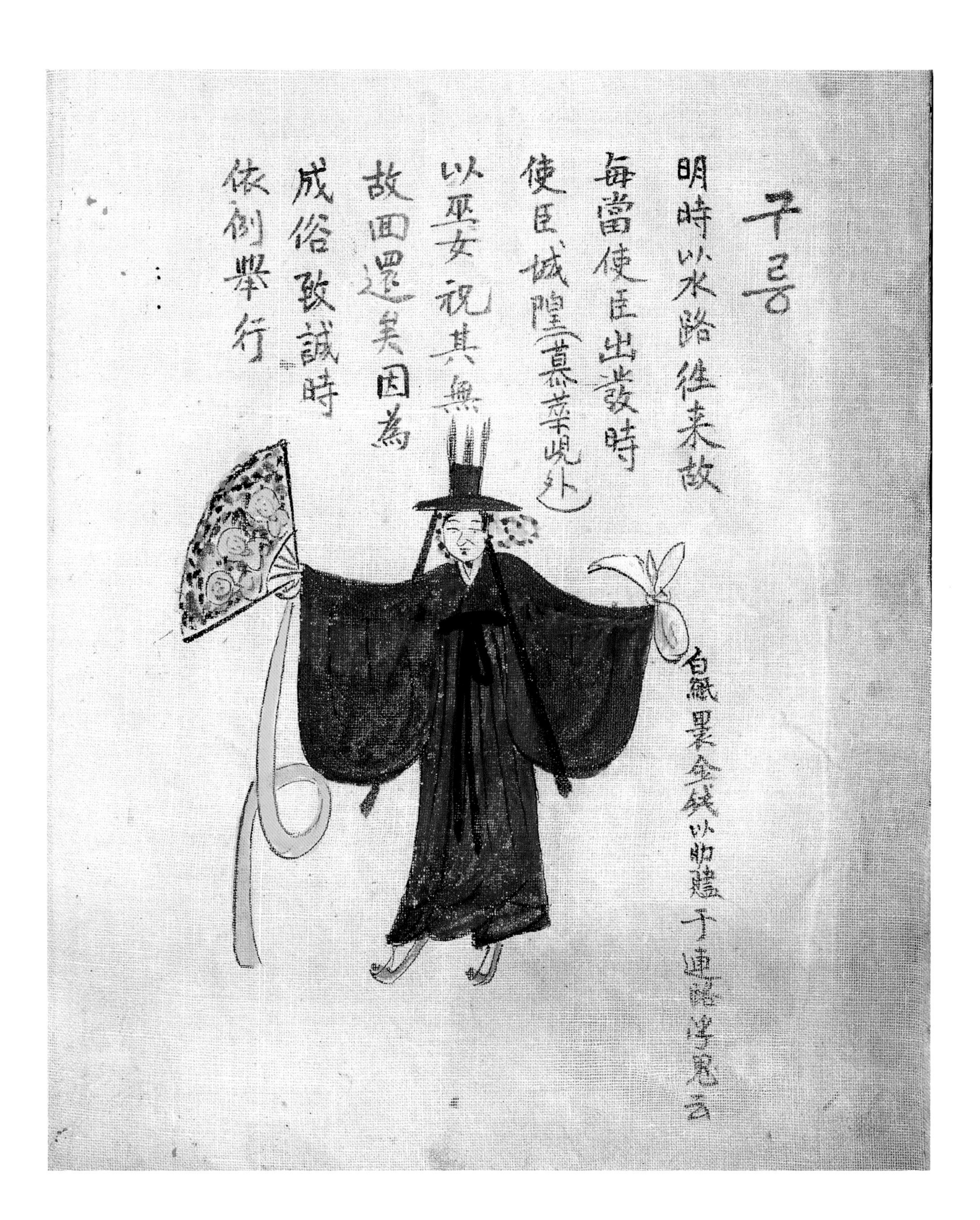
구릉
明時以水路往来故
每當使臣出發時
使臣、城隍(慕華峴外)
以巫女祝其無
故回還矣因為
成俗致誠時
依例擧行
白紙畧金錢以助

듸ㅅ젼
致誠畢無名雜鬼
一體犒饋使之安坐
年代無考傳來
之俗而已

目次

서문 …… 四十九
不精巨里 …… 五十
帝釋巨里 …… 五十一
大巨里 …… 五十二
戶口巨里 …… 五十三
別星巨里 …… 五十四
感應請陪 …… 五十五
祖上巨里 …… 五十六
만신말명 …… 五十七
구릉巨里 …… 五十八
成造巨里 …… 五十九
唱婦巨里 …… 六十一
逐鬼 …… 六十二
뒷전 …… 六十三

巫黨來歷

蘭谷手帖

上元甲子時(唐堯)十月三日神人降于太白山(或云白頭山又云妙香山)乃設
神教而教民長子扶婁賢而多福家家擇地築壇
土兜盛禾穀編藁而掩之稱曰扶婁壇地(業主加利)每歲十月新穀
既登以甑餅酒果祈禱 祈禱時必用老成女人稱以巫女遁來
百弊俱生故唐唐以來巫獄頻繁 近者佛家所謂新羅
中葉咸陽地方有法兩和尚有女八人分遣八道為巫
云無據訛言極矣

不精巨里

始作或有不精之處
無名雜鬼使之安定
此巨里年久傳來云耳

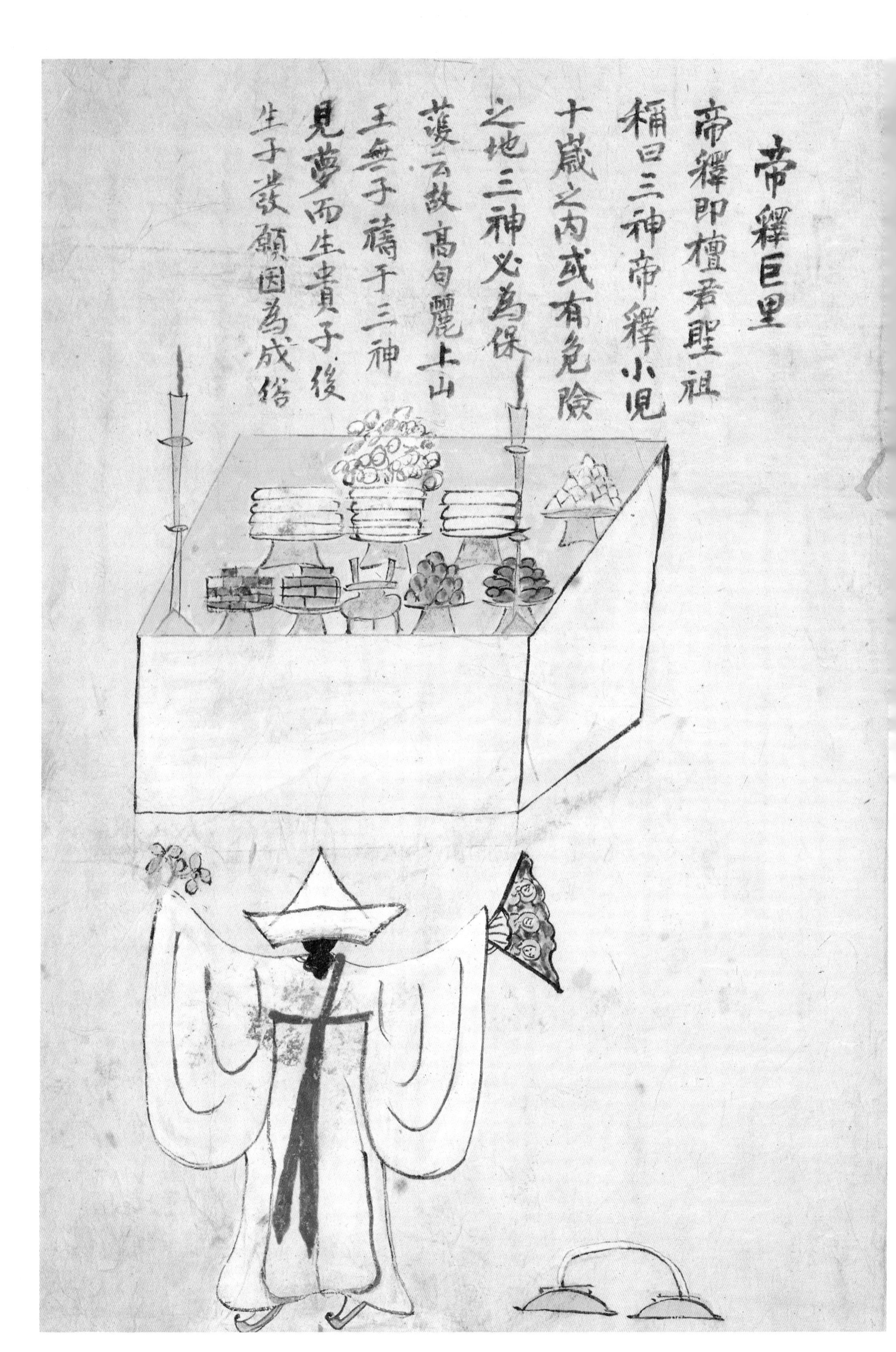
帝釋巨里
帝釋即檀君聖祖
稱曰三神帝釋小兒
十歲之內或有危險
之地三神必爲保
護云故高句麗上山
王無子禱于三神
見夢而生貴子後
生子祈願因爲成俗

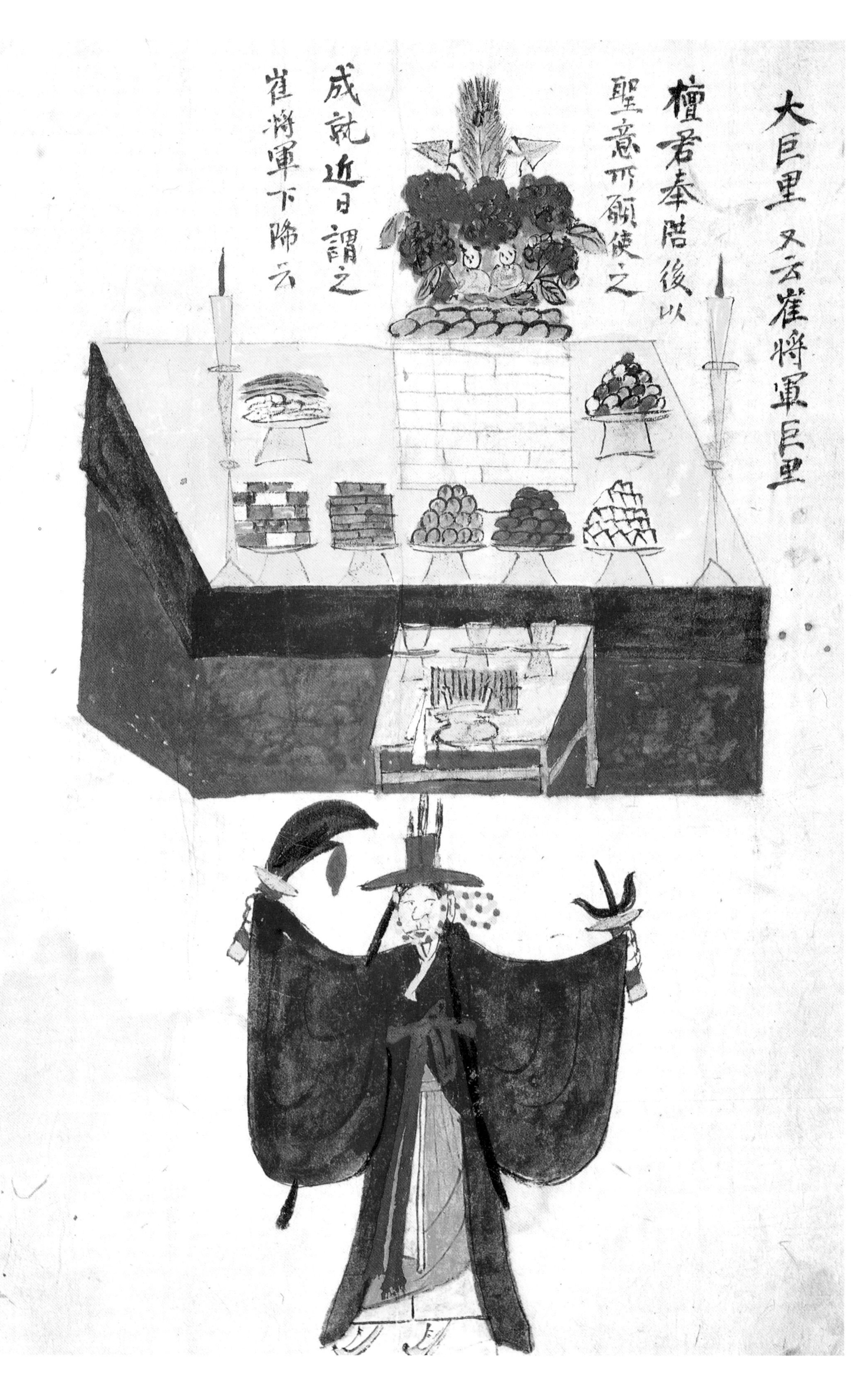
大巨里 又云崔將軍巨里
檀君奉啓後以
聖意所願使之
成就近日謂之
崔將軍下降云

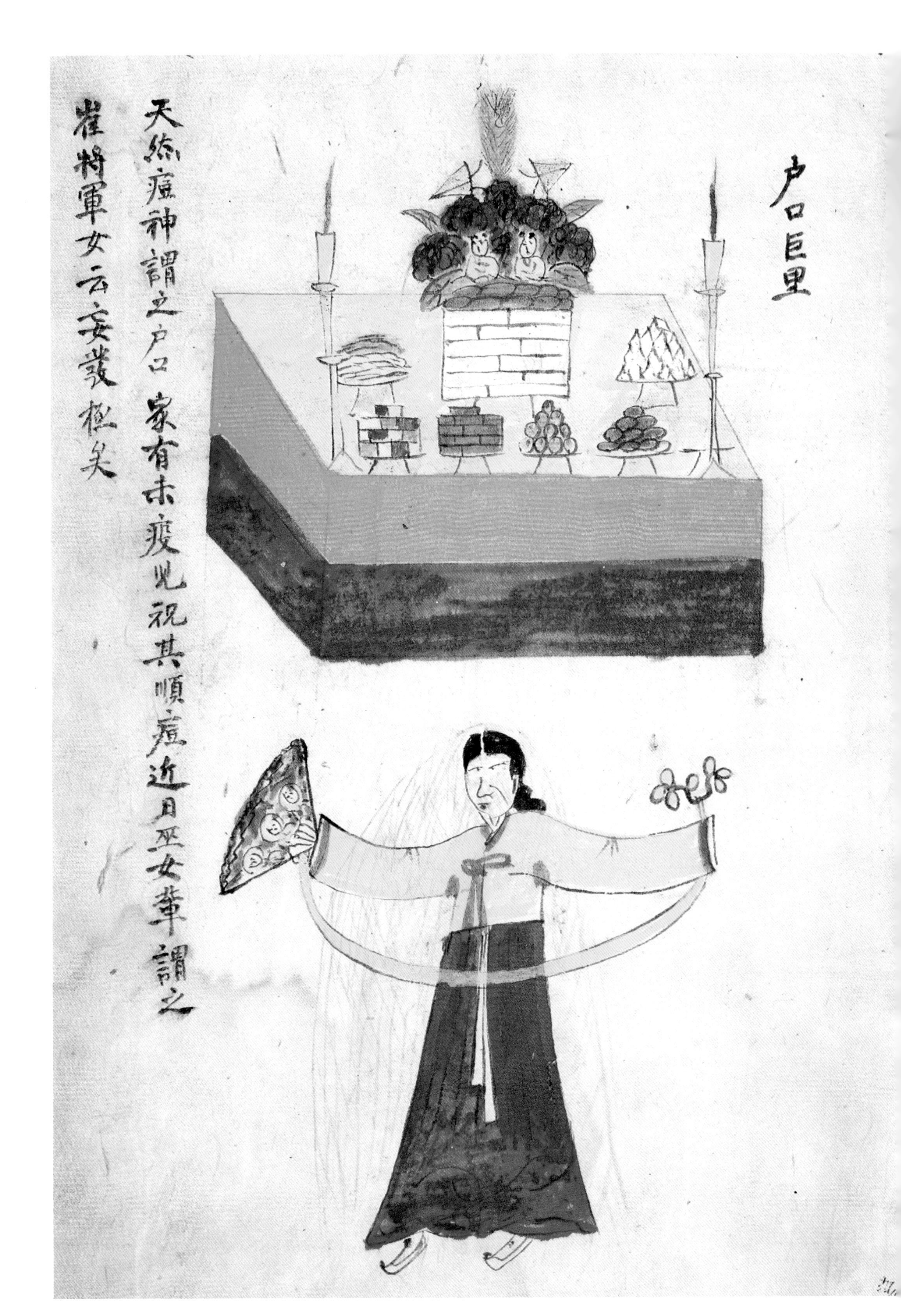
戶口巨里
天然痘神謂之戶口 家有未痘兒祝其順痘近日巫女輩謂之
崔將軍女云妄㦲極矣

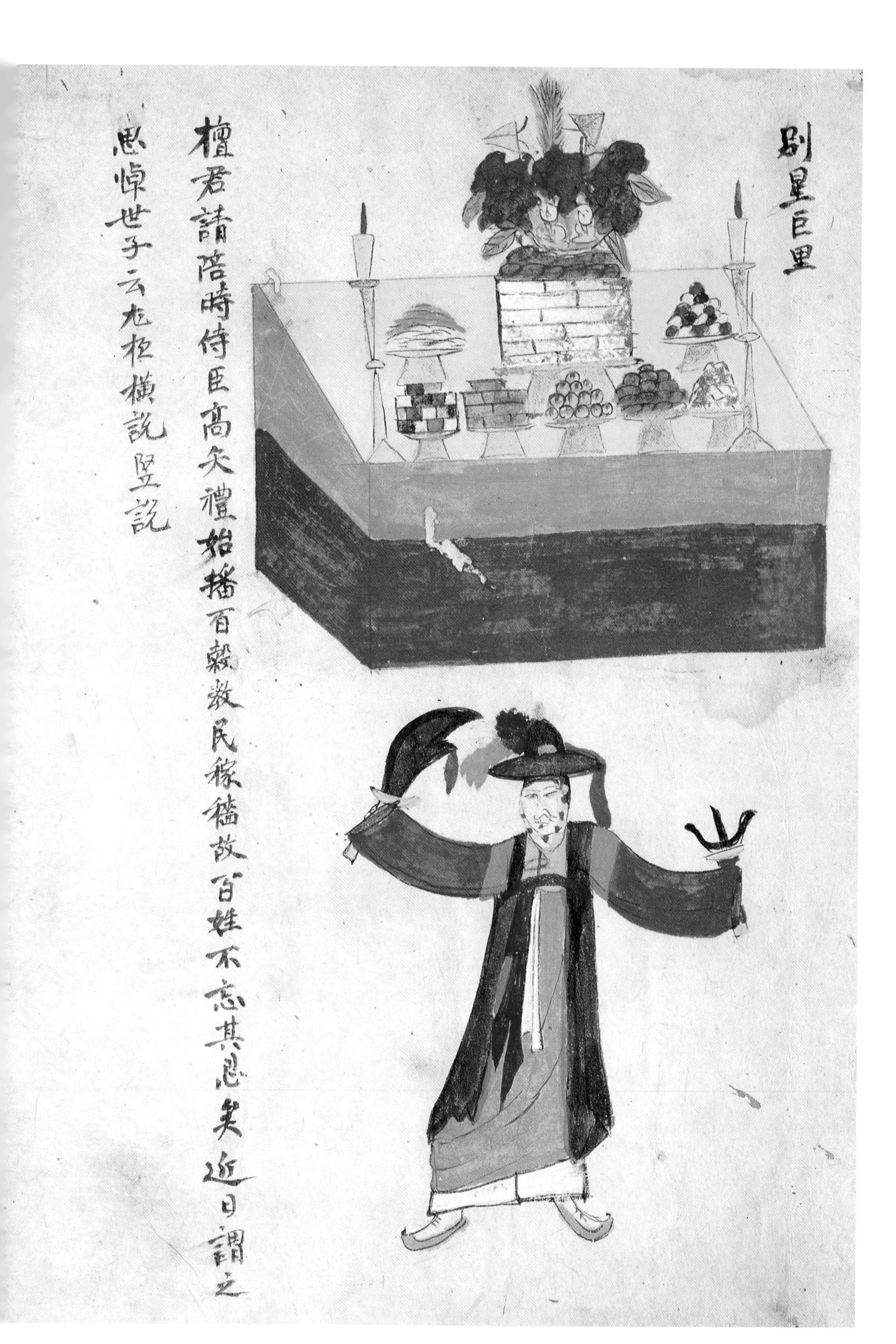
別星巨里
檀君請陪時侍臣高矢禮始播百穀教民稼穡故百姓不忘其恩矣近日謂之
思悼世子云左柜横說竪說

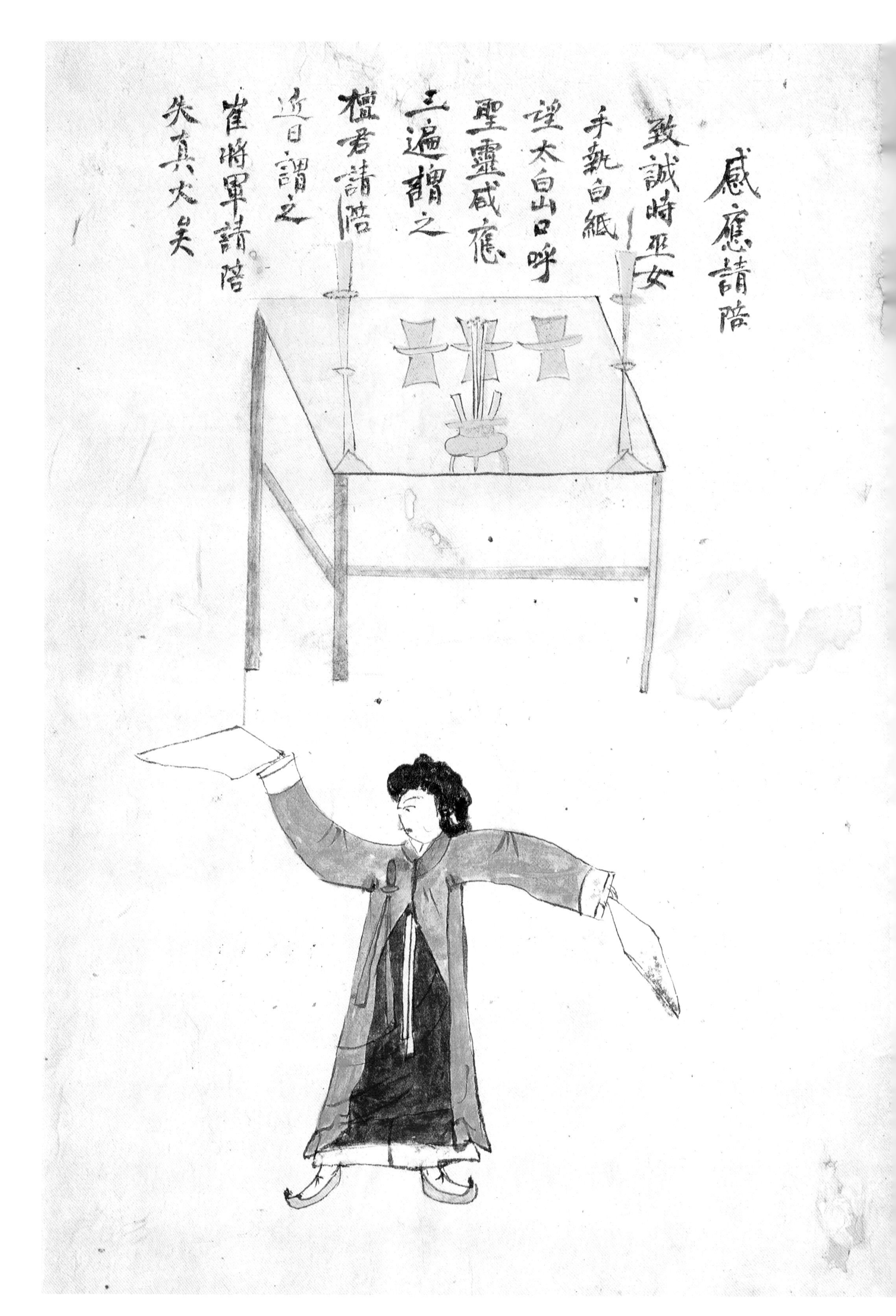
感應請陪
致誠時巫女
手執白紙
望太白山口呼
聖靈感應
三遍禮之
檀君請陪
近日謂之
崔將軍請陪
失真大矣

祖上巨里
致誠時祖上入来後日吉凶禍福豫報云
可笑〻

만신말명
巫女之祖源而已

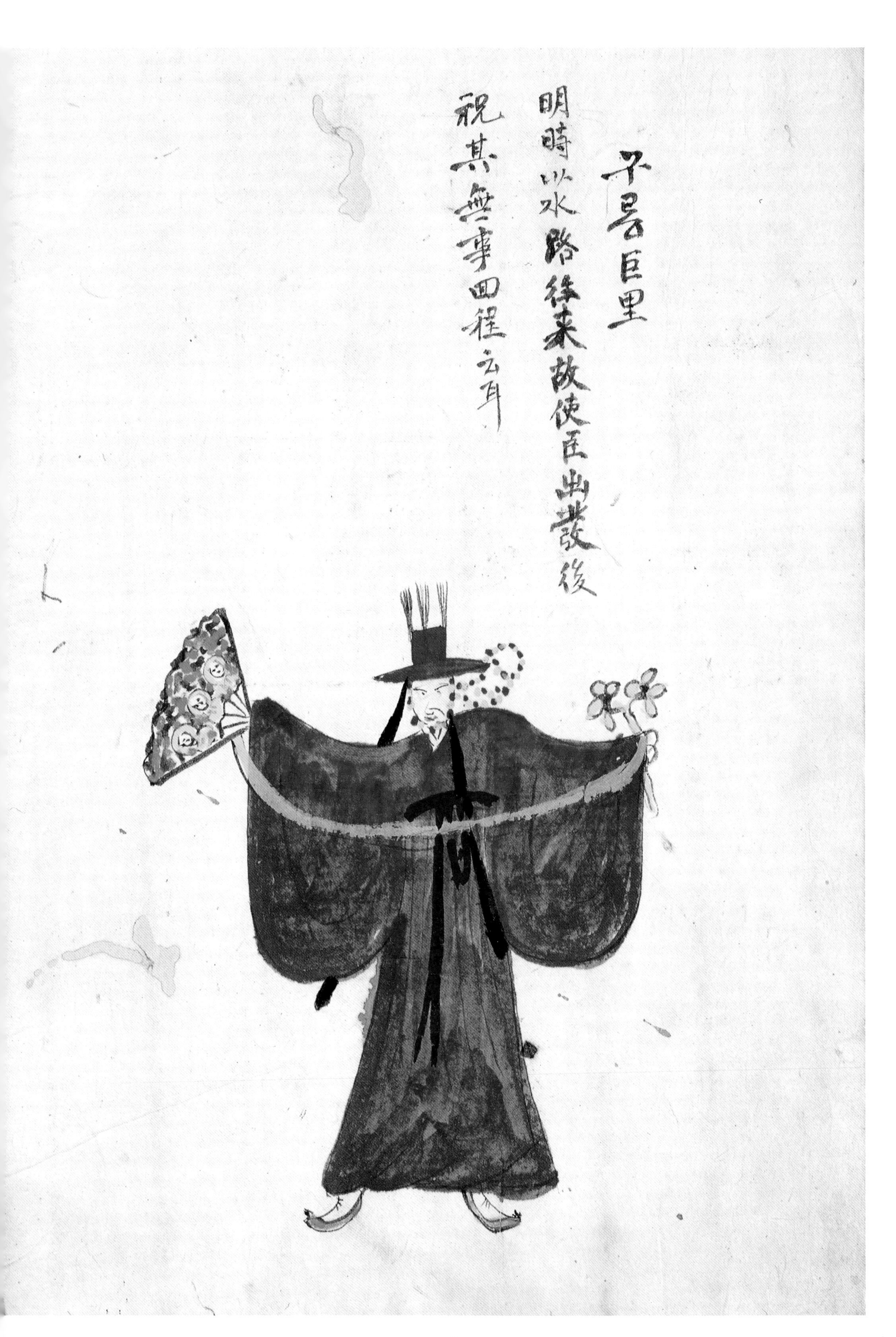
乎号巨里
明時以水路往來故使臣出發後
祝其無事回程云耳

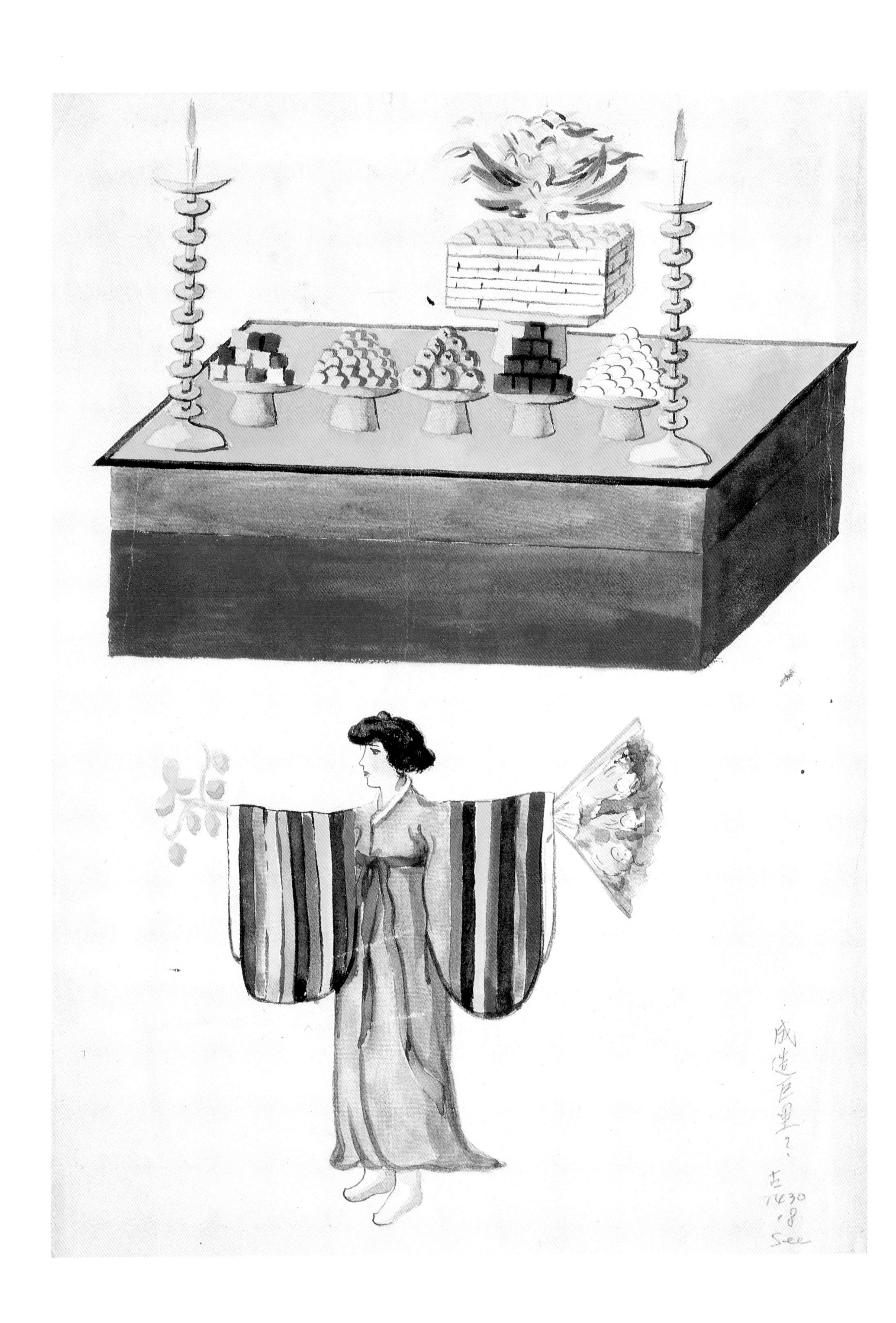
成造巨里
See

唱婦巨里

致誠時擇其年少美姒之巫女

一塲遊戲六十年来盛行

逐鬼
以五方旗招五方神將
驅逐雜神

뒷젼
致誠後無名雜鬼一切犒饋
使之安定

巫黨來歷

西紀 二〇〇五年 十一月 三〇日 印刷
西紀 二〇〇五年 十二月 一〇日 發行

編著者 서울大學校 奎章閣
發行者 洪 起 元
發行處 民 俗 苑
서울 衿川區 始興五洞 二二〇—三三
☎ : 02) 八〇五—三三二〇
登錄 제一八—一호

定價 一五、〇〇〇원

ISNB 89-5638-305-7 93380